Annual
of the Institute
for Life and Death Studies,
Toyo Eiwa University

# 死生学年報 2024

● 看取りの文化を構想する

東洋英和女学院大学
死生学研究所編

*LITHON*

目　次

# 特集1　看取りの文化を構想する

# 目　次

〈論文〉

# 「人として」出会う
## ——一人暮らしの「生と死」を支える人たち——

浮ヶ谷　幸代

## 1. はじめに

　近年、日本では3世帯に1世帯は一人暮らしの高齢世帯となることが指摘されている。さらに、夫婦のみの世帯を加えれば、世帯の半分以上が高齢者独居か夫婦二人暮らしとなる。夫婦二人暮らしで片方が欠ければ独居世帯となり、高齢者の一人暮らしの世帯は今後ますます増加することが予想される[1]。こうしたデータが提示されると、社会一般に一人暮らしの老いや死に対する過剰な不安が生まれ一人で最期を迎える際の「孤独死」への怖れが醸成されることになる。一人暮らしの高齢者が増えていく状況を見て、それを「不幸な高齢者」として捉えるだけでは、老いや死に対する超高齢社会の未来を構想するのは難しい。

　一人暮らしの高齢者という表現には、自宅で最期を迎えることはできない、もしくは「孤独死」というマイナスイメージが付きまとう。本稿では一人暮らしの高齢者の死は果たして「不幸な死」なのだろうか、と問う。「不幸な死」は「良い死」の対極にあるが、一人暮らしの人が老いから看取りへとフェーズが変化していく中で、周囲に自分を開いていくならば、一人暮らしだからこそ新たに獲得していくものがあるのではないだろうか。

　本稿では「孤独死」をめぐる議論を検討し、次に在宅死が日本で進まない理由について検討する。そして一人暮らしの高齢者の在宅死の事例を通して「孤独死」からイメージする「不幸な死」を再検討し、在宅死の場が新たな関係性を生み出し、また関係性を組み直す場となることを示す。看取る人と看取られる人との関係が社会的役割関係から「人として」の関係へと変化するプロセスを描き出し、死に逝く本人とかかわりをもつ人たちとのそれぞれの関係性について明らかにする。

5

## 2.「孤独死」をめぐる言説

　「孤独死」という言葉をめぐる「孤独」と「孤立」の議論について検討していく。社会福祉学の今村洋子は、国内外の議論を整理し「孤独」とは仲間づきあいの欠如あるいは喪失による好ましくない感じをもつことであり、「孤立」は家族やコミュニティとほとんど接触がない「社会的孤立」がベースにあるという。いいかえれば、「孤独」は主観的であり「社会的孤立」は客観的なのだ。したがって、社会福祉や政策の文脈では貧困などの社会的背景と孤立の予防策を講じるために、後者の指標化が可能な「社会的孤立」の概念が多く採用されている。しかし、この二分論の限界が指摘され、「孤独」も「孤立」も現実の場面では多面的かつ同時に現れるという（今村 2022）。厚生労働省によれば「孤立死ゼロを目指して」（2008）の中では「孤立死」という言葉が使われているが、実際の一人暮らしで最期を迎える人にとっては「孤独死」と「孤立死」とは厳密に分けられるわけではない。

　「孤独死」という言葉は 2000 年以降主にメディアの分野で使われてきた。1995 年の阪神淡路大震災を契機として、2000 年以降、NHK スペシャル取材班／佐々木とく子の『ひとり誰にも看取られず：激増する孤独死とその防止策』（2007）や元木昌彦の『孤独死ゼロの町づくり：緊急通報システムが実現する高齢化社会のセイフティネット』（2008）の中に見られる。

　一人暮らしの高齢者の死をポジティブに捉えるのが上野千鶴子である（2015）。一人暮らしであっても平穏で安心して最期を迎えることができれば「孤独死」とは言えない。同居家族がいても、そこに問題があれば不穏な生活となる。また、人類学者の高橋絵里香によれば、フィンランドでは自宅で一人で死ぬという選択はごく普通のことだという。そもそも独居の高齢者は、近隣に住む家族や親せきの定期的な訪問を受けながら暮らしている。家族や親せきが近くにいなくとも、公的サービスやボランティアを利用しながら一人暮らしを選択するという（高橋 2019）。これらの研究から一人暮らしの高齢者の死を「孤独死」や「不幸な死」と直結させることでは、独居の高齢者の暮らしぶりや死に向き合う像をとらえることはできない[2]。

　本稿では、一人暮らしの高齢者の「生と死」についての複数の語りを集め、本人の意思やその変化、そしてかかわった人たちの思いや行動について検討していく。一人の高齢者が自宅で最期を迎えた事例を通して、他者によ

るかかわり方に注目する。「孤独死」とみなされがちな一人の高齢者の「生と死」をめぐる豊かな世界を詳細に描き出す。

## 3. 在宅死の諸問題

　現代日本では 80% 近くの人が病院で最期を迎えている。1970 年代を境に死に場所が自宅から病院へと移行したが、1990 年代になると医療費の高騰を抑制するために病院医療から在宅医療へと政策転換が打ち出された。在宅死を推進するために介護保険制度の導入や在宅診療の診療報酬の改定に取り組む。ところが、在宅死の文化が喪失し病院死が当たり前になった社会では、あえて在宅死に舵をとることは難しい。在宅死という選択肢すら消失している地域も少なくない。

　そこで、在宅死を阻むものは何か。在宅死を選択するための条件とは何かを検討するために、システムに注目した社会学者の上野千鶴子の視点と、医療者と死に逝く本人の認識の在り方を指摘した在宅医の小堀鷗一郎の議論をとりあげる。

　上野は「おひとりさまの最期」を実現するために、専門家から見た在宅死の条件を 4 点指摘する（上野 2015）。①本人の強い意思、②同居家族の存在、③地域医療・看護・介護資源、④あとちょっとのお金[3] である。しかし、先に示したように独居高齢者の増加や地域毎の医療格差、経済的問題など、在宅死の条件を満たすには問題が多い。そこで、上野は「在宅ひとり死」の条件について、24 時間対応の巡回訪問介護、訪問看護、訪問医療という 3 点を指摘する。ところが、「在宅ひとり死」にも抵抗勢力がある。①死のプロセスを知らない、医療に期待しすぎる家族、②病院医療しか知らない医療専門職、③ケアマネージャーによる病院誘導、④高齢者施設の多すぎる数、⑤経済的自由への阻害である（上野 2015）。上野は在宅死を可能にする社会システムに着目し、その問題点と改善点を指摘することで「在宅ひとり死」を推進しようとする。

　他方、小堀鷗一郎医師は別の観点から在宅死の問題を論じている。小堀医師はこれまで 355 人を看取ってきたが、在宅死が進まない理由を 2 点指摘する。一つは医師が在宅医療を知らないこと、もう一つは患者が死ぬとは思っていないことだという（小堀 2018）。小堀医師の指摘は、在宅ケアを提

供する専門家の問題と、ケアを受ける本人や家族の問題の両面から在宅死が進まない理由を論じている。

　本稿では、上野が指摘した問題点と小堀医師が示した視点を参照し、自宅で最期を迎えた高齢者の事例を検討していく。在宅死は本人と看取る側にどのような影響を与えたのか、死を迎える場所とはどのような場所なのか、そこにはどのような関係性が生まれるのかを考えていく。

## 4. Kさんの人生の物語

　Kさんは2022年7月、北海道えりも町[4)]の自宅で逝去した。享年85歳である。浦河ひがし町診療所（以下、診療所）[5)]のソーシャルワーカーの高田さんによれば、Kさんがえりも町の小規模多機能ホーム〈いろり〉[6)]（以下、〈いろり〉）とつながったのは「認知症初期集中支援チーム」（えりも町役場の保健師、高田さん、川村医師）でKさん宅に訪問したことによる。

　　Kさんは一人暮らしの人を対象にしたえりも町の配食サービスを受けていた。診療所では、本人が精神障がいである可能性を視野に入れ、社会的孤立を回避するために精神看護の訪問を入れることにした。配食サービスの廃止に伴いKさんの処遇が問題となり、町の行政からはセルフネグレクトの困難事例と認識されていた。まずは、Kさんとの信頼関係の構築が必要であり、それから介護保険につなげたいと話し合っていた。「認知症初期集中支援チーム」から訪問診療へとつながり、精神科訪問看護から〈いろり〉につながった（高田、2023/03/27、〈いろり〉にて）。

　医療法人薪水の活動拠点は2ヶ所ある。一つは浦河町の診療所、そしてもう一つは約40km離れたえりも町の〈いろり〉である。診療所と〈いろり〉のスタッフは、情報と理念の共有、医療と介護の連携のために複数のスタッフが兼務している。そもそも私がKさんに関心を抱いたきっかけは、2022年8月診療所の朝ミーティングで看護師の塚田さんが以下の報告をしたことである。

　Ｋさんはえりも町で一人住まい。息子さんを待ちながら7月末にスタッフと甥とで看取った。息子さんは本州在住でＫさんと同居したことはなかった。川村先生に「俺の検死をしてくれよ」と言っていた。既存のサービスでは本人の意思を尊重することは難しいが、「自宅で最期まで」という本人の意思は固く〈いろり〉はそれをサポートしてきた。最後にＫさんは私たちに「申し訳ない」といい、スタッフの頻回の訪問に対して「俺よりも他にも行くところがあるだろう」と言っていた。Ｋさんは吉田くんには「よっ！」とあいさつし、高田さんや澤田さんには「元気か！」と声をかけていた。（2022/08/03、診療所にて）

　Ｋさんの人生の物語は〈いろり〉のスタッフ、管理者の吉田さんと介護士の所さん、事務局の澤田さん、そして診療所の看護師の塚田さんの語りから再構成している。吉田さんと所さんへの聞き取りは2023年3月27日、また澤田さんと塚田さん、他のスタッフへの聞き取りは2023年3月29日に〈いろり〉で行った。一人につき30分から1時間である。

Ｋさんの人生の物語

　Ｋさんはえりも町で生まれ、えりも中学から函館の高校へと進み、東京の大学に進学した。東京で就職し、結婚して子ども（息子）が生まれたが、3ヶ月で妻を亡くした。息子は母親の実家に預けられ、その後はＫさんの姉に預けられ、やがて姉の子である甥のもとで育てられた。Ｋさんは40代まで東京で仕事をしていたが、母親の介護をするためにえりも町に戻ってきた。地元ではコンブ漁を手伝い、他の仕事もしていた。息子は、長い間Ｋさんの甥を自分の父親だと思っていたが、亡くなる数ヶ月前にＫさんが実父だと打ち明けられた。ショックは大きかったようだ。Ｋさんは息子と同居したことがなかったことから息子との関係は薄かった。現在、息子は本州在住、親戚はえりも町に暮らす姉とその息子（甥）、従姉夫婦の4人である。

　Ｋさんは東京から札幌に移り、そこで専門学校の講師をしていた。母親が次第に弱ってきたので15年前に実家にもどった。母親の訪問介護を担当したのは所さんである。その後、母親が亡くなると一人暮らしになり、4年前にえりも町のケア会議でＫさんが困難事例として取りあげられた。そこから〈いろり〉のかかわりが始まった。

9

最初、Kさんは自宅に訪問しても玄関の扉を開けない、または「何しに来た！」と怒鳴って他人を拒絶するような状態だった。周囲から孤立した生活を送っていたが、バスで隣町に買い物にでかけていた。あるとき、ホームセンターでKさんは倒れて病院に運ばれ入院となる。そのとき大腸がんが発覚する。手術を勧められたが拒否する。甥に連絡が入り、このときから甥がKさんにかかわることになる。吉田さんは甥と電話で連絡を取るが、初めて会ったのはKさんの通院のときだった。年が明けて1月に自宅に戻る。

　吉田さんが病院のソーシャルワーカーから連絡を受けて、〈いろり〉と病院のつきあいは始まった。この頃から〈いろり〉では、1ヶ月に1回、通院、買い物など、Kさんに付き添うことになる。内科の薬は、10種類（胸、便秘改善、血圧、利尿など）もらっていたが、Kさんは自分で体調に合わせて飲む薬を選んでいた。

　次第に胸水が溜まり苦しくなってくる。むくみも出てきた。4月に再び入院する。病院のソーシャルワーカーと主治医にKさんの自宅を見てもらう。5月の連休明けに退院するが、薬は飲まない。また入院する。吉田さんが看護師から「何やってんですか！」と怒られる。それをKさんが見て「俺のせいで怒られたのか？」と聞くので、「薬を飲まないので怒られた」というと、Kさんは「すまん」と一言口にする。7月になると「俺が死ぬときは断食するから」と言い、食べない、飲まない状態になり体調が狂い始めた。

　そこで、週2回の〈いろり〉の昼食サービスが始まる。昼食サービス以外に、火曜日は澤田さんが買い物に付き添い、金曜日は塚田さんが食事を運ぶ。火曜日と金曜日は吉田さんが猫の餌やりをする。通院は本人が助けてくれと言えば対処することにする。この頃、本人は「家で死にたい。川村先生に最期を頼みたい」と口にする。

　また、目が見えないという訴えに対して、眼科を勧めるが本人は行かないという。そこで、澤田さんと吉田さんが受診を薦める。眼内炎と診断される。紆余曲折の後、両眼を手術することになる。そのとき、吉田さんは甥の依頼で手術の同意書にサインする。帰り際、吉田さんはKさんから「帰るのか！ここにいてくれ」といわれた。Kさんは吉田さんを信頼していた。本人は手術中の死を想定し、地域のM葬儀社に葬儀を依頼することを吉田さんに伝えた。目の手術はうまくいったが今度は肝臓がんが見つかる。当然のように、本人は「何もしない」という。病院側も「何もしない」というこ

とになった。

　退院後のために介護ベッドとポータブルトイレを用意した。退院してから「生寿司、カツ丼買ってこい」、「牛乳やスイカ、モモ食べたい」といい、そのたびに差し入れたが、既に食べられない状態だった。入院時40kgあった体重も退院時には30kgに減っていた。最期が近くなるとトイレに行けないほど弱っていた。その後急変し吐いた。このとき、介護士のMさんは所さんと塚田さんに連絡をし、Kさんは息子を待ちながら旅立った。

## 5. 一人暮らしの「生と死」を支える人たち

　親戚や近所とのかかわりを拒絶しているKさんが、どのようにして自宅で最期を迎えることができたのだろうか。ここではスタッフのインタビューの内容と、スタッフと私との関係、そしてスタッフの来歴や人となりの情報を付け加えながら、スタッフのKさんとのかかわりについて描き出す。

所さん（介護士）
　所さんはえりも町生まれのえりも町育ちである。家業はコンブ漁であり、子どもの頃からコンブ漁の手伝いをやっていた。親戚の多くは地元にいるが、実子や孫はえりも町の外で暮らしている。数年前に同居していた実母を自宅で看取った経験がある。所さんは介護士の姪とともに実母の看取りのキーパーソンだった。二人とも社会福祉協議会や地元の特別養護老人ホーム（以後、特養）で介護の経験をもつ。「どうして入院させないのか」という近所の声や「もしかしたら本人も入院したかったのかもしれない」という道外に住む身内の声に対して、「本人の意思ですから」といい在宅での看取りを貫いた。自宅で最期を迎えたいという母親の強い意思を尊重し自宅で看取っている（浮ケ谷 2022, 106–110）。

　Kさんが地元に戻ったのは、経済的に苦しくなり母親の年金のためではないかと噂されていた。1年前までは、隣町や近くの商店に買い物にでかけていたが、近所づきあいはなかった。風呂は地域の入浴施設を利用していた。Kさんは頑固で話をすることもなかった。そんなKさんを見ていたので、Kさんが最後にスタッフに礼をいうとは思わなかった。

　亡くなる3日前、本人と親戚が4、5人集まったところで川村医師が読経

11

をした。葬儀は本人の意向で 1 日の葬儀となった。会葬に立ち会ったのは、甥、息子、いとこ夫婦、そしてスタッフの吉田さん、塚田さん、高田さんである。町内の寺の住職が読経した。火葬場に行く途中、〈いろり〉によってスタッフや利用者とお別れをし、おこつは町営墓地の K 家の墓に納めた。K さんは世話になった〈いろり〉への謝礼を甥に託していた。今でも甥と〈いろり〉との関係は継続中である。息子は〈いろり〉の利用料金（弁当代）を払っている。亡くなる 2 ヶ月前、息子は 10 日間帰ってきたことがある。K さんは「こんなときに（コロナ禍）なんで帰ってきたんだ！」と怒っていたが、本心は嬉しかったようだ。

　所さん自身も在宅死を選択する強い意思をもっている。医療行為は断るという終末期医療に対する意思を表明している。医療を利用する人が入退院を繰り返すのを見て、夫も自分も医療を絶対使いたくないと思っている。K さんの姿を見て、所さんは一人の方が家で死ねると思ったという。だから K さんの自宅で最期を迎えるという強い意思に共感できたのだ。これは、「一人暮らしで自宅で死ぬのは無理」という独居の高齢者の在宅死を避ける傾向にある現代の日本社会の常識とは異なっている。

塚田さん（看護師）

　塚田さんは浦河赤十字病院（以下、浦河日赤）の元精神科病棟で勤務の経験がある。私とは 2005 年以来の長い付き合いである（浮ケ谷 2009）。「良い看護とはなにか」と問いながらケアの在り方を探究し続けてきた。診療所の開設時のメンバーであり、ベテラン看護師の一人である。診療所では〈いろり〉を開設する前から、えりも町の地域全体のケアに取り組んできた。塚田さんが主に力を入れたのは、ひきこもりの若者や精神疾患を抱えながら医療とつながらない人のケアである[7]。また、地域に埋もれている認知症の高齢者に目を向け〈いろり〉を拠点にしてケアに奔走するようになる。その頃出会ったのが K さんだった。

　塚田さんが K さんと信頼関係を作るのに 1 年くらいかかった。生活支援の一つとして猫の餌をあげたりすることで徐々に近づいていった。ひきこもり生活の K さんが〈いろり〉の「通い」を利用するようになり、〈いろり〉で新聞を読んだり、コーヒーを飲んだりするようになった。他人に期待をせず、自分のことは自分で決める人だった。しかし、家にひきこもっていた期

間が長く、周囲からは「変わり者」というレッテルを貼られていた。「桜が見たい」というのでドライブに誘ってさくら公園にもいってきた。子どもや妻の話はしなかったが、東京での暮らしや札幌での暮らしなど、いろいろな話をしてくれた。息子は年一回来ていたが、実家には泊まらず親子の会話はなかった。最後に「申し訳ない」といい、スタッフにお礼の言葉を述べた。

　塚田さんは、患者や利用者とのコミュニケーションを大事にする人である。これまで地域で暮らす精神障がいの若い女性の支援に力を注いできた。時間をかけて「何ができるか、できないか、すべきではないか」と自問自答しつつ、本人にとって「いったい何がよいのか」を模索しながら試行錯誤を繰り返してきた。うまくいった場合、うまくいかなかった場合の経験を蓄積し、〈いろり〉での取り組みを通して地域まるごとケア[8]の構想をもっている。しかし、本人は「まだまだ学びの途中です」という。

吉田さん（〈いろり〉管理者）
　吉田さんは隣町の特養の元職員だった。もともと介護の仕事は好きだったが、利用者との接し方や経営方針、組織の在り方など、疑問をもつことも多々あった中、〈いろり〉への誘いがあった。
　えりも町にも特養が一つあり、この特養の入居者は病院か町立診療所で最期を迎えるのが通例である。在宅死という発想がないえりも町で、〈いろり〉は在宅看取りを視野に入れている。〈いろり〉の新たな試みが「地域に受け入れられるか、はたしてうまくいくのか」という不安もあった。しかし、高齢者のためのサービスを利用者とその家族の暮らしに軸を置くという診療所の理念に共感していた。吉田さんが思う認知症高齢者のサービスの理想に近いと思われた。Ｋさんの人生の物語を多く語ったのは吉田さんである。Ｋさんからの信頼を一番得ているというスタッフの言葉通り、手術時にサインをし手術後に付き添ったように、Ｋさんとは利用者以上の、いわば家族に近いかかわりをしている。
　Ｋさんとかかわるなかで、吉田さんが「つらかった」ことは関係機関とのかかわりである。Ｋさんとのコミュニケーションの難しさを理解してもらえず、「当たり前」だと言われたことである。Ｋさんからの信頼を得るにはまずＫさんを深く知ることである。Ｋさんの暮らしは、これまでの人生史や複雑に絡み合った親子関係や親戚関係、そして折り合いのつかない近隣

関係の上に成り立っている。吉田さんはこうした現実を一つ一つほぐしていくことに時間とエネルギーを注いできた。関係機関からの応援があれば、少しでも気持ちは楽になったのではないかと思っている。

　Kさんの話を聴き終わり、吉田さんに「最期はどのように迎えたいですか」と問うと、「自分だったら、病気をもって家で一人というのはできないかもしれない。寂しいので病院においてほしい」と答えている。えりも町では生活保護対象で身寄りのない人は養護老人ホームか特養に入る。市町村の権限で措置入所の形をとる場合もある。吉田さんは現在、町営住宅に一人で住み、えりも町の風土や慣習の中で暮らしている。在宅看取りという新たな試みに共感しつつも、一人暮らしで最期を迎える寂しさを他のスタッフ以上に強く感じているのかもしれない。

## 澤田さん（事務局）

　澤田さんは浦河日赤の事務職を長年勤め、転勤を経て釧路市の社会福祉施設長で定年退職している。〈いろり〉の開設時に経理を任された。妻は浦河日赤の元精神科病棟の師長、看護部長を務めて、現在引退している。妻は病棟師長時代、診療所の川村医師から精神医療の在り方や患者との向き合い方について大きな影響を受けている。病棟師長時代、私の病棟調査のとき、参与観察や看護師へのインタビューなど多くの便宜を図ってくれた（浮ケ谷2009）。

　澤田さんはKさんとは男同士の関係だといい、比較的コミュニケーションはとれたと思っている。Kさんは一人暮らしが長く、恥ずかしがり屋だから女性スタッフには遠慮していた。最初は自分で買い物をしたが、次第に澤田さんが買い物に付き合うようになった。週1回、えりも町のコープやセブンイレブン、セイコーマート（北海道のみのコンビニ）に買い物に付きそった。最後に「ビールが飲みたい」というのでノンアルコールのビールを一緒に飲んだ。Kさんは「おいしい」といっていた。また、Kさんの代わりに猫に餌をやったり、米をスズメのために庭に蒔いたりした。Kさんはミカンの皮を蒔いたりコンブを拾ったりしたとき、近所から文句をいわれたことで、「住みにくくなった」と澤田さんにぼやくこともあった。Kさんが立ち寄った場所に行ってみたいと私がいうと、澤田さんは車を出しKさんの様子を話しながら、自宅、商店、スーパー、さくら公園、従姉の家、甥の

家など、その足跡を辿ってくれた。

　澤田さんは〈いろり〉では経理の担当だが、小さな事業所ではスタッフの役割は固定されていない。他のスタッフが忙殺されているとき、職域を越えて手を貸すことになる。妻を通して川村医師の精神医療に対する考え方や患者との向き合い方を聴いてきた。しかし、澤田さんは医療専門家ではないからこそKさんとの付き合い方を心得ていたのかもしれない。

川村医師（精神科医）

　川村医師にはインタビューという形をとっていないが、ここではかかわったスタッフの話から知り得たことと、これまで私が川村医師とかかわる中で知った考え方や生き方についてまとめている。

　川村医師は、Kさんが亡くなる3日前、本人と親戚の前でなぜ読経したのだろうか。Kさんが自分の葬儀の段取りを済ませたことを聞き、「俺もお経を読めるよ」と声をかけたという。Kさんの死への覚悟を知り、それに応えるかのように、その場の流れで読経という行為が自然に出たというのだ。死の旅路に出る人を関係者たちで見送るというイメージである。

　また、Kさんが最期を迎えた際に、川村医師は「俺もこういう風に死にたい」といった。医師という立場でなぜこのような言葉を発したのだろうか。訪問診療を展開している川村医師は、かつて看取った男性の妻に「俺は治すことができなくとも終わらせることはうまいよ」と述べている。また、認知症の夫を妻が介護している自宅での訪問で、「認知症は治せないけど安心を届けることはできる」という。本人と介護する妻の心身状態を気にかける「家族まるごとケア」を実践している（浮ケ谷（監修）2018）。

　川村医師の考えは彼自身の生き方と地続きである。これまで私は訪問診療に可能な限り同行してきた。あるとき、川村医師に「大事にしていることはなんですか？」と聞いたことがある。すると「自分も地域で生きる人である」と答えたのである。医師とか患者とかではなく、「ともに地域で暮らす仲間である」という思いで訪問診療を行っているのである。「俺もこういう風に死にたい」という言葉は、死への覚悟に感銘し死を「わがことの死」と捉えたのであり、医師と患者との関係を超えて「ともに地域に暮らす仲間」という認識から出た言葉なのである。

他のスタッフ

　〈いろり〉のスタッフの来歴はさまざまであり、比較的地元出身者が多い。介護士のMさんもえりも町出身である。祖母が〈いろり〉を利用している。Kさんが亡くなった日、MさんはKさんの当番だった。朝訪問すると、Kさんが「牛乳飲みたい、いなりずし食べたい」というので、まずはすり下ろしたりんごを出した。昼に訪問したら吐いていたので、塚田さんにすぐ連絡を入れた。

　Kさんの家は'獣臭'がして、いたたまれなかった、とMさんは語った。そう感じたのはMさんだけではなく、他のスタッフも同じである。ただ、Mさんは、Kさんが「唯一誇れるものは家から見える海の景色です」と教えてくれた。Kさんに対する若いスタッフの印象はあまり良いものではない。「生保の手続きはしたくない、弁当のサービスもいやだ」といいながら、その後しぶしぶ生活保護の手続きをしたKさんに対して、スタッフからは「こんなに支援しているのに薬も飲まないという支援でいいのか」という意見も出ていた。介護士の多くはパートタイマーとして就職している。先の4人のスタッフのように、診療所の理念やかかわり方を必ずしも共有しているわけではない。Kさんの近隣の住民の感覚に近いのかもしれない。スタッフの間にはかかわり方に濃淡があるが、他のスタッフもまたそれぞれのやり方でKさんにかかわっていた。


# 6.「人として」出会う

　看取りが行われる場は人と人とが出会う場である。単にケアがやりとりされる場ではない。在宅看取りの現場では、一般的には利用者（本人と家族）とスタッフ（医師、看護師、介護士など）という社会的役割関係に基づいてかかわっている。そこでは、ケアの受け手とケアの与え手という役割関係が前提となる。人は社会的役割としての関係を結ぶと、ケアの与え手はケアの受け手をその人自身ではなく、「問題を抱えた人」、「保護されるべき人」として見ることになる。そこには「偏見」に根差した不均衡な関係が内在している。例えば、精神科病棟での看護師と患者との関係は、看護する人とされる人との関係が前提となる。看護師にとって患者は「問題を抱える人」「暴力をふるう人」となる。同様に、認知症高齢者の施設では、認知症者は「何

もわからない」「何もできない」人という「まなざし」が前提となり、その人を介護することがかかわりの基本であると思い込む。いずれにしても、役割関係を前提にしたかかわりは、精神病の患者や認知症の高齢者を「一人の人」としてではなく「患者」「利用者」として見ているだけである。この「まなざし」は広く社会にも浸透し、「変わり者」「偏屈者」「迷惑をかける人」という社会的な「まなざし」が常識となることに加担するのである。

　では、所さんはどうだったか。たしかに所さんはKさんの母親の介護者としてかかわり、母親が亡くなると一人暮らしのKさんの介護者としてかかわってきた。けれども、語りから役割関係からはみ出すようなかかわり方が見えてくる。所さんの「まなざし」は世間一般の常識を突き抜けている。若いスタッフが口にした'獣臭'という言葉は出てこない。Kさんが親戚や近隣と絶縁状態だと知りながらも、周囲のうわさに惑わされない。所さんは「在宅は母の意思です」と実母の在宅看取りを主張していたように、一人暮らしを選択したKさんに「一人の意思を持つ人」としてかかわっている。

　塚田さんは、かつて精神障がい者を「問題を抱える患者」「暴力をふるう患者」ではなく、「人としては同じだと思う」（浮ケ谷 2009, 187）と述べた。この感覚は「一人暮らし」の人に対しても同じである。「患者さんの話を聞いて、自分の人生を思ったり、私も同じだよと思うことが多々ある」（浮ケ谷 2009, 187）というように、塚田さんは看護師と患者という役割関係を超えてKさんを「一人の人」として出会っている。

　吉田さんは当初Kさんを「コミュニケーションをとるのが難しい人」と認識していた。ところが、体調が悪化するにしたがって、入院や手術の責任を担うようになる。一般的に成年後見制度において後見人は入院や手術の承諾の委任は許可されていない。しかし、吉田さんは目の手術に付き添い、Kさんから葬儀の話を伝えられたように、甥や息子の代わりを務めるようになる。吉田さんが疑似的な家族関係に基づいた支援を行ったからこそ、「大変なんですよ」と関係機関に訴えたとき、Kさんの人生やKさんとの関係性を理解されなかったことが悔しかったのだ。吉田さんはKさんを困難事例としてではなく、疑似的家族関係としてかかわったのである。

　では、澤田さんはどうだろうか。Kさんは女性スタッフが苦手なので男性スタッフとの相性が良かった。Kさんが安心感を得られるのは吉田さんと澤田さんだった。澤田さんはKさんの生活面の支援を引き受け、Kさん

との関係は職員と利用者という役割関係を超えている。買い物の付き添いや公園での花見、親戚との付き合いなど、澤田さんの語りから「劣悪な住居環境や周囲から見放された孤独な高齢者」というイメージは伝わってこない。澤田さんはKさんと同じ地域に暮らす人、息子との関係に苦労する父親、そしてともに老いを歩む高齢者としてかかわっている。

　以上のように、「一人暮らし」のKさんが自宅で最期を迎えることができたのは、上野が指摘した「最期は自宅がいい」という本人の強い意思である。そして、それを最後まで支えたスタッフの存在である。専門家が期待する家族ケアがないまま、3つの介護を可能にする〈いろり〉チームの働きがあった。さらに、小堀のいう在宅死のアポリアを超える条件として、在宅死を生活の延長線上に位置づける〈いろり〉チームの存在、そして生前に川村医師に読経してもらったり、葬儀の段取りを決めたりしたのは死ぬことへのKさんの覚悟があった。

　本稿で強調したいのは〈いろり〉のスタッフのかかわり方である。それは、それぞれのスタッフが社会的役割関係を超えて、「一人の意思をもつ人」「人として同じ」「疑似的親子関係」「老いを歩む高齢者同士」「ともに地域で暮らす仲間」として、Kさんと出会っていることである。社会学者の三井さよは阪神淡路大震災後の仮設住宅での調査から、被災者の孤独の「生」を支えるために必要なのは「人として」の支援であると述べている（三井2008）。保健師が仮設住宅に一人で暮らす高齢男性にアルコール依存の生活を窄めようと近づくが拒絶される。そこで初めて、保健師は「人として」かかわる意味に気づいていく。また、人類学者の西真如は、大阪市西成区のあいりん地区で活動している訪問看護ステーションひなたのスタッフの聞き取りから、さまざまな生活困難を抱えながら在宅で終末期を過ごす単身高齢者と「出会うこと」と「生活の場を築く」ことの意味を読み解いている（西2018）。

　役割関係を超えて「人として」出会うことができるのが在宅看取りの場である。「人として」出会うことの意味に気づくことによって、一人暮らしの人の「生と死」を支えることができる。かかわる人に気づきを与える在宅看取りという現場は、「生と死」を支える際に専門家の知識や技術をどれだけ差し控えることができるかが問われる場となる。むしろ、そこには過剰な医療は不要であることに気づく視点が隠されており、在宅医療はどうあるべき

かを考えるための研鑽の場となる。

# 7. おわりに

　一人暮らしの高齢者の在宅死の選択は本人に何をもたらしただろうか。K
さんは行政に困難事例とみなされ「孤独死」が想定されていたが、その予想
を覆すかのようにKさんは自らの暮らしを取り戻した。それが可能となっ
たのは在宅死を望む本人の強い意思があり、死に逝く者と看取る者とが「人
として」出会ったからである。看取りの場で、父と息子が出会い親子関係が
修復され、親戚が読経の場に同席したことで親戚との関係も禍根を残さない
ように組み直されている。スタッフとの新たな関係も結ばれている。

　では、看取ったスタッフには何をもたらしたのだろうか。スタッフは信頼
関係の構築の難しさを学びながら、死に逝く本人の意思を尊重するケアを提
供してきた。在宅死を選択する意思の強さに翻弄されながらも、わがこと
の死を見つめ直すきっかけともなった。服薬を無視するKさんを支援する
ことに疑問をもつスタッフは、Kさんを「わがままな人」として見ていた。
私は別の事業所で「わがまま」で評判の一人暮らしの男性を看取ったスタッ
フの語りを聴いている。看取りに直接かかわったスタッフは、「友だちの多
い人」「外出時にはいつも友だちが付き添っていた」というように、「わが
ままな人」とは別の顔と出会っている。「生と死」に寄り添ったスタッフは
「あんな生き方もいいな」とある種の希望さえ見出していた（浮ケ谷 2022,
116–123）。「わがまま」な人を看取る経験は、看取られる人の別の面を知る
ことで、人間の全体像に気づかせてくれるのである。

　ところで、〈いろり〉の若いスタッフたちの'獣臭'という言葉は生活空
間から出た率直な言葉である。臭いは人の暮らしを構成する五感の一つであ
り、料理の匂いとともに鼻を塞ぎたくなる臭いも暮らしを構成する要素であ
る。海の見える風景を美しいと感じることも一つの要素である。ゴミ屋敷や
ネコ屋敷と揶揄された家はKさんにとって住み慣れた家であり居場所でも
ある。世捨て人のように見える生活空間の中で「最期まで自宅」という意思
を持つKさんを支えたケアは、わがことの「生と死」との向き合い方を教
えてくれている。

　以上のように、本稿ではKさんの人生の物語とそれを支えた人の視点に

着目してきた。Kさんが人生の物語をもつように、かかわる人にも物語がある。在宅看取りという場は一つの物語がもう一つの物語と交叉し共鳴する場所でもある。死に逝く人の物語を聴き取り、そこにかかわる人の来歴と生き方を交叉させることで、「人として」のかかわりの豊な世界が浮かびあがってくる。かかわる人の複数の語りにある多面的な視点から一人の全体像を描き出す手法は、高度な専門家システムやマニュアルからは見落とされがちな全体的な人間像を浮き彫りにすることができる。そして、システム研究や政策研究からは捨象されてしまうような人の「生と死」のリアリティを描き出すことができるのではないだろうか。

# 注

1) 統計データ『令和3年版高齢社会白書（全体版）』（2021年）によれば、65歳以上の高齢者の一人暮らしは1990年代から増え始め、全世帯に占める割合は2010年（平成22年）から25%近くになり、2019年（令和元年）には28.8%となっている。さらに、65歳以上人口に占める「一人暮らし者」の割合は、2015年（平成27年）には男性13.3%、女性21.1%となる。さらに、推計値をみると、全体人口は減少に転じているものの、2030年（令和12年）には65歳以上人口に占める割合は男性18.2%、女性23.9%となり、ますます「一人暮らしの高齢者」が増加することが予想される。

2) 民俗学者の山田慎也によれば、都市部では無縁死と呼ばれる死が増えているという。横須賀市の事例を通して、看取りから葬儀、埋葬に至るまで、家族や親戚に代わる地方自治体の取り組みについて検討している（山田 2022）。

3) 上野によると、①の本人の強い意思というのは一見「わがまま」とみなされるが、家族に「迷惑をかけたくない」から病院へという動きに対抗できる（浮ケ谷 2022）。②は同居家族という条件は独居高齢者の増加に一致しない。また老々介護や認認介護の現実もある。③利用可能な地域医療・看護・介護資源には地域格差がある。④のあとちょっとのお金というのは、介護保険の不足分を期間限定で保険外を利用する方法があるが、在宅で保険外を利用する人は少ない（上野 2015, 91–94）。

4) えりも町は札幌から車で4時間、新千歳空港から3時間30分のところに位置している。主な産業は漁業でありサケ・マス漁が盛んであるが、特にコンブ漁の最盛期（7月〜9月）には3分の1の世帯がかかわることになる（えりも町町勢要覧 2023）。人口は2015年時点で4,606人、世帯数は1,929世帯である。高齢化率は27.9%である。高校卒業生の進路先は半数以上が札幌市または道外に進学・就職する（えりも町人口ビジョン 2021）。

5) 〈いろり〉は北海道の浦河町にある浦河ひがし町診療所が2018年3月に開設した地域密着型の高齢者サービスの事業所の名称である。定員25名のうち、2023年4月1日時点の登録は21名である。「通い」「訪問」「泊り」の機能を、利用者に合わせて柔軟に組み合わせた形でサービスを提供している。とくに「通い」の利用はコンブ漁の時期になると増える。

6) 浦河ひがし町診療所は浦河日赤の精神科病棟の閉鎖に伴い、2014年に開設された。開設時のメンバーは浦河日赤の元職員の医師、看護師、ソーシャルワーカーである。浦河日赤の精神科は、これまで当事者研究で有名な社会福祉法人〈浦河べてるの家〉と両輪で活動してきたように、現在も二つの施設の協働は継続している（浮

ケ谷 2017）。

7) 〈カフェデモンクえりも〉は、地域の宗教者との連携によりひきこもりや精神障が
いの若者のために開催された。2015 年 8 月から現在まで毎月 1 回えりも町会館ひ
なたで活動している。このカフェの特徴は運営と進行係が精神障がい当事者が担当
していることである（浮ケ谷 2018）。

8) 「地域まるごとケア」とは、滋賀県東近江郡永源寺で地域医療に携わる花戸貴司医
師の取組の名称である（花戸 2015）。永源寺では、地域包括ケアシステムをはる
かに超え、さまざまな立場の地域住民を加えた地域チームを形成している。


# 引用文献

今村洋子　2022：「高齢者の社会的孤立をめぐる議論の再検討：河合克義による社会的
　　孤立論の検討を通して」『社会福祉学』明治学院大学大学院、第 46 号、23–31。
上野千鶴子　2015：『おひとりさまの最期』朝日新聞出版。
浮ヶ谷幸代　2009：『ケアと共同性の人類学』生活書院。
―――　2017：「日本の精神医療における『病院収容化（施設化）』と「地域で暮ら
　　すこと（脱施設化）』：北海道浦河赤十字病院精神科病棟の減床化と廃止の取組を中
　　心に」『国立歴史民俗博物館研究報告』第 205 集、53–80。
―――　2018：「『居場所』を創る：精神医療と宗教との連携による〈カフェデモン
　　クえりも〉の活動を中心に」『社会学論叢』日本大学社会学会、第 192 号、1–24。
―――　2022：「死にゆく人の思いの力：ゆらぎ・ふりまわし・まきこみながら」浮
　　ケ谷幸代他（編）『現代日本の「看取り文化」を構想する』東京大学出版会。
浮ヶ谷幸代（監修）　2018：DVD『地域に生きる精神科：浦河ひがし町診療所の先端
　　医療』撮影編集：斉藤道雄、浮ヶ谷幸代研究室。
NHK スペシャル取材班／佐々木とく子　2007：『ひとり誰にも看取られず：激増する
　　孤独死とその防止策』阪急コミュニケーションズ。
小堀鷗一郎　2018：『死を生きた人々：訪問診療医と 355 人の患者』みすず書房。
高橋絵里香　2019：『ひとりで暮らす、ひとりをささえる：フィンランド高齢者ケアの
　　エスノグラフィ』青土社。
西真如　2018：「痛みを抱えたものが死ぬための場所」田中雅一／松嶋健（編）『トラ
　　ウマを生きる』京都大学学術出版会。
花戸貴司　2015：『ご飯が食べられなくなったらどうしますか？：永源寺のまるごとケ
　　ア』農村漁村文化協会。
三井さよ　2008：「『人として』の支援」崎山治男他（編）『〈支援〉の社会学：現場に

向き合う思考』青弓社。

元木昌彦　2008：『孤独死ゼロの町づくり――緊急通報システムが実現する高齢化社会のセイフティネット』ダイヤモンド社。

山田慎也　2022：「近親者なき困窮高齢者の意思の実現：看取りから葬送への連続的なサポート」浮ケ谷幸代他（編）『現代日本の「看取り文化」を構想する』東京大学出版会。

# 引用資料

・令和 3 年版高齢社会白書（全体版）「3　家族と世帯」
https://www8.cao.go.jp/kourei/whitepaper/w-2021/zenbun/pdf/1s1s_03.pdf
(2023/12/27access).

・高齢者が一人でも安心して暮らせるコミュニティづくり推進会議（孤立死ゼロを目指して）「高齢者が一人でも安心して暮らせるコミュニティづくり推進会議（孤立死ゼロを目指して）報告書」（平成 20 年 3 月）
https://www.mhlw.go.jp/houdou/2008/03/dl/h0328-8a_0001.pdf (2023/12/27 acces).

・「北海道えりも町町勢要覧」（2023 年）
https://www.town.erimo.lg.jp/section/kikaku/sg6h9400000000j2-att/sg6h94000000000m6.pdf (2023/12/29accesss).

・えりも町企画課振興係「第 2 期えりも町 まち・ひと・しごと創世人口ビジョン」
https://www.town.erimo.lg.jp/section/kikaku/sg6h940000003ioy-att/sg6h940000003ism.pdf (2023/12/29accesss).

# Encountering Each Other at the Deathbed:
## People Supporting a Man Living Alone

### by UKIGAYA Sachiyo

In this essay I examine two points. The first is the dying process of a male elderly person who lived alone in Erimo town, Hokkaido. The second is the relationship between an elderly person and his carers who are staff in a small-scale multi-functional institution named "Irori." In Japan the number of elderly who live alone is increasing year by year. Currently, the number of households consisting of a single elderly person or an elderly couple is over half the number of all households. Approximately 80% of Japanese today die in a hospital.

In order to die at home, a person's own desire to die at home and the presence of his/her carers who can give support in a community-based integral care system are both necessary. Each staff meets the dying person by making use of his/her own specialty and personality. In this essay, although the elderly male lived alone, at the end his son, relatives, and carers gather in tribute to him. They encountered him as a man who held his own will, who was like a member of the family, an aging friend, and a resident in the same community.

In conclusion, this essay shows that medical professionals, welfare experts and caregivers are able to gather hints about care by learning about the dying way of a person who lives alone.

〈論文〉

# 特別養護老人ホームの看取りにおける「ホームカミング」の意義
## ——二ツ井ふくし会の試みとその背景としての二ツ井町の地域づくり——

相澤　出

## 1. はじめに

### 1.1. 本稿の課題

　今日の日本社会では、医療や介護の領域に止まらず、社会的にも看取りのあり方に対する関心が高まっている。以前のように病院での死が自明視されるのではなく、自宅、各種の老人ホーム、高齢者住宅での看取りも、選択肢として提示されるようになってきた。すなわち病院の外で、地域の生活の場において看取りが行われるようになりつつある。これによって、ケアの提供者、ケアの受け手といった直接の当事者に限らず、拡がりつつある看取りの選択肢を前にして、人生の最後の時期の過ごし方について、あらためて考えることが社会的に求められるようになってきた。看取りの問題は、狭義の医療とその専門職の専権事項ではなく、社会における、死との向きあい方の問い直しを含むゆえに、文化的な論点となっている。

　拡がりつつある、とはどういうことか。それは、ホームホスピスなどの新しい看取りの場の登場に象徴される新しい選択肢の出現、さらには既存の施設やサービスの活用の可能性を拡げるなどして、これまでなかった新しいケアのあり方を模索する多様な試みの登場を意味している[1]。そこには「人生・生活の質（Quality of Life）」を維持、向上させることへの、広く、そして自由で、既存の常識にとらわれない関心の有り様が見出される。

　本稿ではこのような新しい試みのひとつを紹介、検討し、その意義を明らかにする。その事例とは、秋田県能代市二ツ井町の社会福祉法人二ツ井ふくし会の看取り介護の時期に実施された「ホームカミング」である[2]。

　新しい言葉の登場は、何らかの革新、それまでにはなかった新たな事態の

展開を示し、告げる。二ツ井ふくし会では、特別養護老人ホーム（以下、特養と略）の入居者、施設の長期にわたる利用者が、積極的に自宅に戻ることを支援し、職員はその機会の創出に取り組んでいる。従来の一時的な帰宅は、家族の意向によって主導されるものであった。それに対してホームカミングは、入居者、利用者であるその人の意向を尊重し、それを積極的に実現しようとするものである。しかも、この自宅に戻る企画は、看取りの段階でも積極的に、実現の可能性が模索される[3]。こうした、看取りの段階でも企画されるホームカミングが有する社会的および研究上の意義を、事例に即しながら、「看取り文化の構想」を論点としつつ検討する[4]。

## 1.2. 施設としての特養をめぐって

特養を含む福祉施設に関しては、ゴフマンの『アサイラム』（1961）の議論が、基本的な分析の視点として用いられ、議論が重ねられてきた[5]。ゴフマンは「全制的施設」の一種として、高齢者が収容されている施設をあげている。ゴフマンによれば、「全制的施設」は「外部との社会的交流に対する障壁」によって隔てられており、被収容者は地域や家族と隔離されている。そこに収容された人々は、日常において個別性をかえりみられずに、計画的に管理され、生活することを余儀なくされている。多数の人々が、施設の目的に合わせて、一括して処遇されており、被収容者の無力化が生じている場として特徴づけられている。しかもゴフマンによれば、全制的施設に収容されるのは「常人」ではない人々であり、スティグマさえも帯びると論じられていた（Goffman 1961）。

周知のように日本で特養は、老人福祉法に基づいて制度化されて以来、「措置」施設として位置付けられてきた。老人福祉法の枠組みでの、公費を用いた、行政による救済としての措置の対象となったのは、心身、家族関係、経済面などで問題をかかえ、自立も困難で、家族からの支援も得にくい高齢者であった。そのためかつては、特養は「常人」と異なる人が保護される施設として社会的にも意識されてきた。こうした背景もあり、これまでも特養の全制的施設としての一面は、たびたび論究されてきた。

こうした措置施設としての特養の性格は、周知のように介護保険制度の登場を画期として、大きく変化することとなった。ただし、特養の有するもう一方の、施設としての一面への問い直しもあった。それは特養の、病院をモ

デルとした大規模施設としてのあり方であった。それまでの特養は、生活空間として多分に問題を含むものであった。90年代にこの問題を指摘し、特養など介護施設の従来のあり方に一石を投じたものとして、外山義によるによる建築学の立場からの研究があげられる（外山2003）。外山の研究は、単に建築、空間の問題を取り上げただけでなく、そこに暮らす人の視点、介護職などケア従事者の働き方にも視野が及んでいる、いわば施設における人と生活をもとらえたものであった。

外山は施設に入居する高齢者が直面する「苦難」、入居後に体験する「落差」に触れながら、既存の特養が建築上の問題を有するだけでなく、「一括処遇」の場であり、個々の高齢者の生活空間となっていない点を指摘した[6]。外山はユニットケアの導入を唱道しただけでなく、そこで暮らす人の、その人らしさが尊重されるケアや生活空間のあり方にふれ、高齢者にとって施設が、今後は「自宅でない在宅」の場となることが目指されるべきであると主張した。2000年代以降、ユニットケアが特養に本格的に導入されるようになり、従来型特養でも「個別ケア」が志向されるようになるなど、特養のあり方は大きく変化してきている[7]。それでも前述のゴフマンや外山が提示した議論は、特養など介護施設が、個々人のニーズに基づいたケアと生活の場となっているのかを省みる上で、今も重要な視座であり続けている。

議論は施設内の問題にとどまらない。施設での生活やケアが、その人らしさの実現に志向したものとなる時、地域に対してその施設が開かれているかどうかも問い直される。「全制的施設」は、社会から隔絶されていることを特徴の一つとする。施設が従来のような施設ではなく、自宅のような場に変わろうとするなら、地域から隔てられ、地域に対して閉じているのは極めて不自然である。介護などケアを受けるようになっても、それによって地域社会や、施設に入る前までの暮らしのあり方など、その人らしい生活から乖離が生じないようにすることも求められる。一般的にはノーマライゼーション、脱施設化への動きとされるものである。高齢者の福祉、介護においても、住み慣れた地域に居ること（井上2006）、地域内のさまざまな場を使いこなすことの意義が強調されている（鈴木2019）。

そして、特養が地域のなかの暮らしの場であることを考えた時、そこでの人生の過ごし方はもちろん、その延長上での看取りのあり方も、考えるべき

論点として浮上してくる。以上、これまで触れてきた視点をふまえながら、看取り文化の構想という点から、二ツ井ふくし会の「ホームカミング」が有する意義を、事例とその地元の実情に即しながら検討していこう。

## 2. 二ツ井町の地域づくりと二ツ井ふくし会

### 2.1. 秋田県能代市二ツ井町と二ツ井ふくし会の概略

まず二ツ井ふくし会が在る、秋田県能代市二ツ井町について概観しよう。二ツ井町は、2006年の市町村合併以前の旧二ツ井町域である。秋田県北部を流れる米代川の中流域にあり、昔から交通の要衝であった。林業が盛んで秋田杉の名産地である。昭和40年代には1万8千人以上であった人口も近年は減少している。能代市（2023）によると、2020年10月1日時点で人口は7851人、3227世帯がある（1世帯当たりの平均世帯員数は2.43人）。2015（平成27）年の高齢化率は44.3％、2020（令和2）年は49.7％である。以前は病院があったが平成8年（1996）に閉院しており、現在は旧町域に病床は無い。介護老人保健施設（以下、老健）や介護医療院もない。現在は無床診療所が2か所ある。後述するが、この2つの診療所が旧二ツ井町域だけでなく、周辺地域の地域医療をも担っており、そして在宅や特養の患者も支える活躍をしている。

二ツ井ふくし会は、二ツ井町の高齢化に備えるために1995年に設立された。特養よねしろ（定員50名）、ショートステイ（12名）、ケアハウス（15名）、デイサービス（30名）、訪問介護事業所、居宅介護支援事業所、地域包括支援センターを有し、開設以来、地域の介護と福祉を、施設と在宅で支え続けている。理事長の丸岡一直氏は、希望する人が「住み慣れた町で最期まで」暮らすことができる地域づくりの実現を目指している。

### 2.2. 旧二ツ井町の地域づくりの展開から

ここで地域の歴史に目を転じてみたい。二ツ井ふくし会は設立当初より、施設と居宅の両面で、総合的に二ツ井町の介護・福祉を支えてきた。特養よねしろは、今も二ツ井町で唯一の特養であり、地元にとって貴重な施設である。この特養よねしろを含む法人の立地だが、二ツ井町の市街地の中心部に位置している。90年代当時としては珍しく街中に特養があり、文字通り「市

街地型」であった。特養をはじめ過去の施設が、町外れに位置していたのと対照的である。計画時より、多世代が交流できる場であること、地域住民が気軽に、すぐに訪れることができる場であることには、強いこだわりがあったと丸岡理事長は教えてくれた[8]。

特養の建物にも木材（秋田杉）が多く使われ、過去の施設が無機質で、病院風であったのとは対照的である。その建物内部の特養は、多床室ではあるが、設計の時点で個室に近い状態とすることを念頭に置いたつくりとなっており、ユニットケアを意識したものにもなっている。当時としては最先端であり、現在も通用する。

以上のことからうかがえるのは、90年代につくられた特養よねしろのあり方が、当時としては新しく、かつ独創的な考え方に則ったものであるということである。そこで90年代の二ツ井町の歴史をひも解いてみると、旧二ツ井町が、地域住民にも積極的に参画を呼びかけながら、意欲的で斬新な地域づくりに取り組んでいたことが分かってきた[9]。この二ツ井町の地域づくりの基本構想のなかに、「3　つなぎあう心でできずく福祉のまち」の大項目があり、「高齢化の進展につれて高齢者の社会活動が求められる一方、運動不足やストレスの増大などによる医療体制に対するニーズの多様化、ライフスタイルの変化、心身障害者に対するノーマライゼーションなど、健康や福祉をとりまく状況は大きく変化してきています。高齢者も障害者も区別されることなく、健康で安心して自立できる町、相互の理解や思いやりの心を大切にする町……。社会のあらゆる分野で、互いに助け合い、協力し合う地域社会を築き、誰もがつねに健康で心やすらぐまちを目指します。（二ツ井町1995, 31）」との方針が打ち出されている。ここからは、当時の二ツ井町の福祉の方向性に、ノーマライゼーション、自立の尊重、個への配慮など、今日につながる重要なものが含まれていることが分かる。

さらに、二ツ井町の地域づくりの一環として、国内外での町民の研修が実施されていた。この研修は観光、農業、教育など多岐にわたるが、介護福祉に関するものも含まれていた。『平成6年度　二ツ井町づくり海外研修報告集　北欧の福祉』を見てみよう[10]。当時町長であった丸岡氏（現、二ツ井ふくし会理事長）がよせた巻頭言からは、二ツ井町の地域福祉の方向性がうかがわれる。

「未だ誰も経験したことのない超高齢者社会が目前に迫っている中、二ツ井町も特養ホームの建設、福祉ゴールドプランの遂行などの課題を抱えております。とかく『与える』というイメージの強い日本の福祉施策。福祉先進国といわれる北欧諸国の人々の、『福祉はすべての人のもの』といった受け止め方に接し、さまざまな想いを抱かれたことと思います。この度の研修の成果が参加者だけに留まることなく、この冊子をお読みになった方々が、参加者の報告の中から何かしらの示唆を得てくだされば幸いです。ご高齢の方が、障害をもつ方が、そして共に生活する周囲の方々が、安心して、心豊かに暮らせる、そんな二ツ井町になるために……」

　ここには措置とは異なる福祉、しかもすべての地域住民の暮らしを支える地域福祉への志向が提示されている。さらに行政や有識者が主導するのではなく、地域住民が我がこととして福祉について考え、地域のケアシステムの構築に参加することへの期待がうかがわれる[11]。
　研修に参加した町民の報告にも興味深い記述が多々含まれている。一部を紹介しよう。

　　「デンマークで「デンマークの高令者サービスの三原則……ア　自己決定の尊重、イ　継続性の尊重、ウ　残存能力の活用。用語として福祉ではなく社会サービスと呼ぶ。福祉には貧しい人を助けると云う意味があり、社会サービスは国民全員が受けられる当然の権利と考えている」(二ツ井町 1995, 6)

　研修参加者が当時の北欧における福祉の思想の要を理解し、町に持ち帰って情報発信していることがわかる記述である。他の記述にも日本の施設との違い、そこに居住する高齢者の暮らしが充実したものであることなどが、驚きとともに綴られ、伝えられている[12]。
　この他にも、『二ツ井町　まちづくり研修報告集　平成 5 年度・平成 7 年度分』(二ツ井町 1996)によると、平成 7 年度には町の JA 婦人部のメンバー 4 名(ヘルパー経験者も含む)による在宅介護に関する研修が行われており、その報告も掲載されている。この研修報告によれば、全国農村保健

研修センターでの講習（農村医学の第一人者であった若月俊一医師の講話も受講）、佐久総合病院とその老健、健康管理センター、特養を見学、ＪＡ南佐久でも住民参加型有償在宅福祉サービスの視察が行われていた。当時国内の農村医療で先進事例の地であった長野県佐久地域での研修であった。この報告書には参加者のひとりの言葉として「私は思いました。総合的な介護システムの構築こそが、緊急の国民の課題ではないでしょうか」（二ツ井町1996, 22）との記述がある。これもまた、その後の二ツ井町の地域福祉の方向性と重なるものである。以上のことから、二ツ井町の地域福祉に関する研修が、国内外の先進事例に町民が学び、その成果を伝えるものであったことが分かる。

　さらに過去に、二ツ井町において地元の診療所、病院の医師たちを中心として、町域の各地区を巡回しながらの、住民を対象とした地域保健活動が行われていたことも明らかになった[13]。二ツ井ふくし会にとって頼もしい連携先である地元の二つの診療所が、長年にわたって地域医療に尽力してきた、豊かな経験と実績を有する医療機関であることが、この資料からも知ることができる。

　こうした旧二ツ井町時代の斬新な地域づくりの過去が、二ツ井ふくし会の実践の背景にあった。この延長上に、住み慣れた地元で最期まで暮らすことを追求し、可能にするケアの実践がある。ホームカミングもそのなかで生み出された挑戦なのである。

## 3. 看取り介護期のホームカミング

### 3.1. 日帰りでの機動的なホームカミング

　先ほどもふれたが、現在、二ツ井町域には病床が無い。それゆえに終末期に入院した場合、その人が地元の町で人生を全うできる見込みはほとんどない。二ツ井周辺で病院があるのは旧能代市側であるが、ここは20キロほど離れており、風景も生活圏も異なる、かつての隣町である。病院での死は、住み慣れた地元の外での死を意味する。そのような二ツ井町で、二ツ井ふくし会は特養、居宅での看取りだけでなく、その人の希望に即した看取りのあり方を模索している。看取り介護の時期に行われるホームカミングは、その試みの尖端である。

ホームカミング自体は、看取りの時期に限ったものではない。元々、状態が安定している時に行われているものであり、それが後に、看取り介護の態勢に移った時期でも行われるようになった。

　ただし、新型コロナウイルスの出現以後、それに対する警戒から、ホームカミングの実施は困難になった。特養責任者のKさんによると、「令和3年が2回、今年度（令和4年度）は5回、その時々の状況を見て、タイミングよく行けたかんじです。感染者が県内、地域から減った時期に、行こうという話が出て、それが合った時に」実施された。実施回数は少ないが、入居者の記念日のホームカミングや看取り介護の時期のホームカミングが実施されていた。「看取りが近い方のホームカミングは、タイミングをずっと待つというわけにもいかないので、悩みながら、できるだけ戻れるようにしました」とのことで、地域の感染状況を把握しながら無理せず、注意深く、家族に配慮しながら、あきらめず企画されていた[14]。令和5年には9月まで6人、計9回のホームカミングが実施された。実施回数はコロナ禍前と比べるとまだ少ないものの、令和4、5年のホームカミングのなかに、看取り介護の時期のホームカミングが2事例含まれていた。以下、この2つの事例について、実施に関わった職員の方からうかがった談話にもとづきながら、詳細を見ていくこととする。

　まず、老衰で亡くなった90代の方のホームカミングである。徐々に食事が摂れなくなってきて、看取り介護に移行していた。2週間ほど食事が摂れていなかったこと、バイタルは安定していて、本人も会話、返答ができてはいたが、状況が変わりやすいと考えられたこと、担当医師の判断も看取り状態とのことであったので、看取り態勢へと移行したという。

　この時のホームカミングは、この判断をする会議の前日に行われていた。普段の状態を細やかに観察、把握し、食事量をはじめ、全体的に衰えが進んでいたことから、状態が安定しているうちに、自宅に戻る機会があるとよいとの判断が現場レベルでなされたという。

　Kさんによると、この方は長い間、二ツ井町外の老健におられて、自宅に戻っていなかった。もともと一人暮らしをされていて、特養への申し込みはしていた。しかし要介護1であったので、長期間、町外の老健を利用してきた。要介護3になり、その後ショートステイ利用を経て特養よねしろに入居している。入居の際、娘さんから「うちに戻れるかもしれないと思っ

ていた」という言葉が出てきた。「ご本人もその時には話ができていて、本人もうちに行きたいと言っておられたので、娘さんからも、いいよと言ってもらっていた」。二ツ井を離れて遠方にお住いの娘さんも、老健の利用が長期にわたり、母親に申し訳ないと思う気持ちが強かったという。それもあって、定期的に月に1回、娘さんが帰省して親に会いに来ていた。

そこで娘さんが二ツ井に滞在していたこともあり、Kさんと特養の看護師Mさんが同行して、急きょ、ホームカミングが実施された。体調に不安がある方なので、この時には看護師が同行した。本人の体調、家族がその時二ツ井に滞在していたこと、そして天気（その時はまだ雨が降っていなかったが、翌日の予報が雨であった）、地域内での新型コロナの感染状況の落ち着きなど好条件がそろっており、本人の希望、家族の理解があった。そこで短時間でのホームカミングが企画された。タイミングを逃さない、二ツ井ふくし会の動きの速さと判断の確かさがうかがわれる。

この時のホームカミングは30分ほどのごく短時間のものであった。しかし、久々に自宅に戻ることができただけでなく、仲のいいご近所の方も会いに来てくれて、自宅で久々に話もできていた。ご近所の方との再会は数年ぶりであったという。「ご近所の方から『ご飯食べれ〜』っていわれたら、ご本人が『ご飯食べれないの』っていっておられて。ご本人も自覚があったようです」（Kさん談）、「その後、戻ってきてからも、本人はいたってシャキッとしておられました。ご飯は食べれてはいませんでしたけど」（看護師Hさん談）とおふたりはこの時の様子を教えてくれた。このホームカミングの時、遠方のお孫さんとも、娘さんの携帯電話を使って会話もできた。

このホームカミングの実施後、しばらくしてからこの方は特養で亡くなった。「娘さんも覚悟はしていたと。年だし、衰えてきているし、看取りも義父母で経験して」おられたという（Hさん談）。亡くなる前にはご家族の連日の面会もあった。遠方の孫とも、オンラインであったが面会もできた。看取り介護の時期に、自宅に戻り、親しい人に会うこともでき、二ツ井町から離されることもなく、看取りができた事例であった。

## 3.2. 自宅での看取りを想定したホームカミング

次は、看取り介護の時期に、自宅での看取りを覚悟したホームカミングの事例である。70代の方で要介護5、1年ほど特養よねしろを利用されてい

た方であった。食事が摂れなくなり、体重も減ってきており、医師、家族と話し合いを持ち、看取り介護へと移行した。Kさんによると、家族と話をするなかで、「ご家族から最期は自宅だなあ」とお話があった。このように、ご家族の意向ははっきりしていた。本人とのコミュニケーションもとれていたのは大きい。体力は落ちていながらも、意識もしっかりしていて、意思を示すこともできており、「うちに戻りたい」と話しておられた。このように「もともとご本人も、家族を思っている方で、ご家族も自宅でと言っていた」こともあり、自宅での看取りも覚悟したホームカミングとなった。この時点での関係者で共有された見通しは、「ご自宅での看取りであろうと、長い期間自宅で、ということはないであろう」というものであった。

　ちょうどこの時、連休もあり、本人の状態、ご家族の都合もよく、家族が寄り添うことができ、総合的に考えてよいタイミングでもあった。「本当に食べれなかったので、移動させるとしたら今。うちに戻るタイミングって難しいんですけど、本人も自分がうちに戻ったって分かったり、（自宅に戻ったことを）感じてもらえる時でもあった」とKさんは話してくれた。実は看取り介護以降以前、この会議の少し前にも、この方は日帰りであったがホームカミングをしていた。この時も、ちょうどご家族全員で休みがとれた時であった。

　この方は特養の居室でも「部屋にもお孫さんの写真をはったり、オンラインで面会したり、お孫さんを思っている人だった」。ただ「いろいろ考えて、気を遣っている人で」あった。「ご本人、遠慮する人で、意思もはっきりしているので、自分からなかなか言えなかったが、こちらから『家行く？』と提案すると、『行く』って」という声があり、ホームカミングが企画された（Kさん談）。Hさんもこの方が「家族に迷惑をかけたくないとは言いつつも、本人は家がいいと言っておられました。ネコもいるし」とふりかえる。ここから特養職員が普段から入居者の人柄、考え、思い、家族との関係、家族側の声や状況まで視野を入れながら、本人に遠慮が見えた時には提案をし、ホームカミングを企画している様子がうかがわれる[15]。

　HさんとKさんによれば、ホームカミングの実施にあたり、訪問のシフトなど支援の体制を組み、エアマットや吸引機など必要な物品が準備され、二ツ井ふくし会の車で運び込まれた。訪問するシフトのメンバーは特養の介護職員と看護師で、特養の状況もみながら訪問体制を組んだ。二人ずつ訪問

し介護を行い、家族の負担の軽減を行った。午前中には必ず看護師が訪問し、その報告を医師に入れ、指示を受けることとした。なおこのホームカミング中には、少し発熱があっただけで、それもすぐに治まり、状態は安定しており、医師から特別な指示が出ることもなく、医師の出動もなかった。

先ほど述べたように、ホームカミング中の看取りが予測されていた。「職員側も覚悟していたし、医師も承知、ご家族も承知していた。亡くなった時の連絡の仕方も、まずよねしろの医務（看護）に連絡をすることなど確認」された（Ｈさん談）。

このご家族が介護の経験をお持ちであったのも、この時のホームカミングの強みとなった。「ここ（特養よねしろ）の職員が訪問することで、介護の知識や経験があっても、ご家族にとっても支えになるし、心強いところはあったみたい」とＨさんはふりかえる。看取りが近いときに、周囲の人々が不安と緊張で動揺することもある。よく知っており、信頼できる介護職員の訪問は、家族の不安の軽減にも有効であったと推察される。

帰宅したところ、家族だけでなく「ふだん会えない親戚や実家の方も家に来てくれていた。本人はとても喜んでおられた。去年はコロナもあったので、人とも会えなかったり制限がかかっていたので」その喜びは大きかったと思われる。前の事例もそうであったが、家族はもちろん、自宅で多くの人との再会が叶うのも、ホームカミングの魅力である。

ご自宅に戻っている間は、Ｈさんが「おうちの力がすごくて持ち直して」というほど、状態が持ち直し、安定した。特養にいた時には摂れなくなっていた食事であったが、「自宅に戻ったら食事量が少し増えました。本人もあれ食べてみたいとか意欲が出てきたり、焼きおにぎりを食べてみたいなあとか」（Ｋさん談）、「本人が好きなものを食べることができていた。かぼちゃの煮たもの」といった変化があった（Ｈさん談）。

「自宅でいい時間を過ごせていました。本人も意識もしっかりしていたし、声も弱々しくて聞き取りにくかったけど、話もできていたので、自宅で喜んでいたのが分かった」。「お孫さん、息子さん、お嫁さんみんなと過ごすことができ」ており、「好きなカボチャやサツマイモも食べれて、家のにおい、家族、孫たちがいる気配を感じておられ」、ペットのネコともふれあうことができていた。「弱々しい声だけど、『よかったー』との声がありました」とＨさんは教えてくれた。

うれしい形で予想外の展開となったが、自宅での介護の長期化の可能性も出てきた。「思いのほか体調がよくなって落ち着いたので、ご家族の生活もあるので、じゃあ一旦よねしろに戻ろうかということで戻りました。家族の負担が重くなっても問題があるので」、特養に戻ることとした。元気な方の場合であれ、看取り介護の時期であれ、ホームカミングは「受け入れるご家族の負担も考え」ながら行われる。ご本人に「よねしろに戻るよ、という時もご本人は『うん』といってくれた」という（Kさん談）。こうして特養に戻ってから1か月後、この方は特養で亡くなった。この頃、地域内では新型コロナの感染が再拡大しており、再びホームカミングの実施は難しくなっていた。「亡くなった後、ご家族から、『あの時帰ることができてよかった』という言葉をいただきました」とHさんは話してくれた。

　以上、看取り介護の時期に行われた2つのホームカミングの事例を見てきた。新型コロナウイルスの感染状況を警戒しながらの取り組みであったが、どちらも住み慣れた地元で最期まで暮らし続ける実際の取り組みであることが分かる事例であった。しかも、病院か在宅か、あるいは特養か自宅かといった対立図式にとらわれずに、その方や家族の希望を叶えようとするものであった。

　丸岡理事長はインタビューのなかで、これまでは人々が、自分の希望を出さず、考えることもなく、なんとなく周囲にあわせて病院を選び、あるいは「施設に入ったらそれっきり」としてきたのではないかと問う。こうしたこれまでの看取りについて「幸福論がない」ことが問題であり、あらためて一人一人がそれを考える必要があるのではないかと丸岡氏は問題提起する。つまり、その人自身の人生にとって「幸せが何かを全体的に考えて」みる必要性である。「医療もどうしても技術の話ばかりになりがちだけど、その人が何を望んでいるか、どうしたら幸せになるかを考えることが、もっと大事なのではないか」、それについて考える「死生学という新しい分野が広がっている」のではないか、と述べておられた（以上、丸岡氏談）。

　病院死であれ、在宅での看取りであれ、特養の看取りであれ、それらは手段である。いずれにしても、それらの根底には、一人一人のそれぞれの希望、ニーズから考える構えが求められている。社会の既存の常識に何となくあわせる、流される、あるいは専門職の意見にただ従うのではなく、個々人が、自分の幸せな生き方について、老い、病み、衰え、死が近づいた時期で

あっても、考え、選ぶことができる時代になった。それゆえに一人一人が、人生のどのような時期にあっても、他人まかせではなく、我がこととしての幸福について考えるように問題提起することも、死生学には期待されているのではないだろうか。

# ４．おわりに

　以上、二ツ井ふくし会の取り組みを検討してきた。本人の希望に即して企画され、看取りの時期にも実施されるホームカミングという、新しい取り組みが展開されていた。その新しい挑戦の社会的背景には、二ツ井町以来の独創的な地域づくりがあった。その地域づくりには、当時の介護福祉において先端的であった、脱施設化の視点が盛り込まれていただけでなく、地域住民の参画、学習と情報発信があった。この延長上に、二ツ井ふくし会の現在のケアの実践がある。

　そのケアの実践としての、看取りの時期のホームカミングは、看取り文化の構想という論点にとっても、意義深いものである。秋田県は死亡場所構成割合をみて分かるように、全国と比べても、病院など医療的な環境下での死の占める割合が高い。『令和３年　秋田県衛生統計年鑑』によると、令和３年の死亡場所構成割合は、全国の場合、病院・診療所・介護老人保健施設・介護医療院といった医療環境下で割合が計70.9％、生活の場である老人ホームが10.0％、自宅が17.2％である。それに対して秋田県はそれぞれが79.3％、8.1％、9.9％である。しかも二ツ井を含む能代市は、その秋田県内でも病院死亡率が高く、医療環境下での死は83.9％、そのうち病院だけで77.2％を占める。他方、老人ホームは4.7％、自宅は7.3％である（秋田県2023）。いわば死の医療化と施設化が根深い地域で、二ツ井ふくし会は看取りを脱医療化、脱施設化し、地域に戻しつつ、新たな看取り文化の可能性を切り拓いている。特養や居宅での看取りはもちろん、その先の模索もなされている。ここには既存の伝統文化を支えとした看取り文化の再構築という途とはまた異なり、地域とケアの現場での集合的な体験から、新たな看取り文化が地域に生成し、展開する可能性が示されている。

　看取り介護期のホームカミングは、死の医療化と施設化を経た地域における居宅や特養での看取りの増加を意味するだけでなく、積極的に、住み慣れ

た地域で最期まで暮らし続け、その人が望む場で人生を全うできる可能性を切り拓くものである。いわば、新しい看取り文化の、地域における生成の動きである。伝統的な地域のあり方がゆらぎ、それとともにあった伝統的な看取りのあり方が崩れた状態を経た後の、新たな文化の生成であること、しかもそれが個々人に、自らの人生とその幸せについて考えるきっかけを与えるものであることに、注目すべきところがあるといえよう。

謝辞および付記
　二ツ井ふくし会職員の皆様には、本研究を行うにあたり、多大なご協力をいただいております。心から御礼申しあげます。
　本稿は、東洋英和女学院大学死生学研究所 2023 年度公開連続講座「看取り文化を構想する」第 3 回「「ホームカミング」を可能にした地域づくりのあゆみ：「住み慣れた町で最期まで」への挑戦が示唆すること」をもとに加筆しつつ執筆したものである。なお本研究は以下の科学研究費助成事業を受けている（基盤研究 C 23K01799 研究代表者 相澤出、基盤研究 B 22H00602 研究代表者 清水哲郎、基盤研究 C 22K11176 研究代表者 遠藤和子）。

# 注

1) 例えば浮ケ谷他編（2022）には、現代の看取りをめぐる多様で新しい実践が紹介されている。
2) 本稿のもととなった調査は 2022 年から 2023 年の間に実施された。この間、新型コロナウイルスの感染状況に細心の注意をはらう必要があり、現場でのフィールドワーク、聞き取りは最小限にとどめた。本稿で引用している談話、事例の詳細については、話者の方々を中心に二ツ井ふくし会の関係者の方々から直接ご確認いただき、丁寧に、時間をかけてチェックしていただいている。
3) ホームカミングの詳細については相澤（2019；2021；2022）が事例を紹介しつつ論じている。
4) 「看取り文化」とこれをめぐる議論については浮ケ谷（2022）を参照。
5) 知的障害者の施設を対象として施設の社会学的な検討を行った麦倉（2019）、特養に関してもゴフマンの視点をふまえた片桐（2010）の研究などがある。

6) 「それはたんに、住む場所の問題ではない。たとえ住みなれた自宅を離れて施設に移ったとしても、再び個人としての生活領域が形成され生命力が萎むことがないのなら、施設も『自宅でない在宅』でありうる。ポイントは、そこが処遇の場なのか、生活の場なのか、である。それは職員と高齢者の関係を見ればわかる。高齢者が一方的にケアを受けるような『垂直な関係』か、一人の市民として住んでいる『水平の関係』か、である」（外山 2003, 37）。

7) この点については片桐（2010；2012）、壬生（2017）、上野（2011）を参照。

8) 丸岡氏の談話に加えて、二ツ井町『1994 町勢要覧 愛のまち ふたつい』にも、このことがうかがわれる。ここには「生涯学習の推進や老人クラブ活動の助長による生き甲斐創出機会の提供とともに、ホームヘルパーの増員に止まらず、今後、福祉・保健・医療の各分野が連携した質の高い『高齢者サービス』を展開していくための体制づくりを図っています。また、来るべき 21 世紀を見据え、従来の発想を超えた『市街地型』の特別養護老人ホームの建設を決定し、町中心部の建設予定地に平成 8 年度開設に向けての準備を進めています。人々の笑顔や子どもたちの笑い声が響く、心触れ合う施設——これからの時代のあるべき姿を示しているものと確信します」（二ツ井町 1994, 21）との構想が示されている。なお丸岡理事長は、平成 5 年から平成 18 年（旧能代市との合併）まで旧二ツ井町町長を務められている。

9) 二ツ井町編 1995：『二ツ井町総合発展計画基本構想：TRY21 ビジョン』からその様子をうかがうことができる。この基本構想の策定には、町民参加による「ふたつい夢づくり 200 人委員会」が参画している。これには町民 235 名、町職員 95 名が参加し、6 つの委員会（生活環境プラン策定委員会、農林業、福祉、商工観光、教育文化、地区（町内 8 地区））の意見、提案が反映されている。この他に、町内会長会議、各種団体懇談会等も関与している。

10) この研修ではオランダ、ドイツ、デンマーク、スウェーデンの高齢者住宅、ナーシングホームなど介護施設、在宅介護サービス等の見学が行われている。町民 9 名、町職員 2 名（同行）が参加しており、団長は町内の老人クラブ会員である。研修後には報告書が刊行されたのに加えて、平成 6 年 11 月 12 日、13 日の「産業祭」では研修旅行の写真展が開催され、来場者には団長による解説が行われたり、1 日に 3 回の研修の記録スライド映写会も開催されていた（二ツ井町 1995, 59）。このように研修の成果は、町民も加わりつつ地元に広く発信され、共有されている。さらに後日、この研修の参加者から、二ツ井ふくし会開設に向けた委員会メンバーになった人もいたとのことである（丸岡理事長談）。

11) 研修の一行がスウェーデンのサービスハウス見学中、施設の責任者から「ちょっぴり笑みを浮かべながら『ここに来る日本人の視察団体はこれまでいくつかありましたが、その多くは福祉関係者や施設の運営にタッチしている人。みなさんのような

町民がやって来たのは初めてじゃないかしら』」との言葉があったという（二ツ井町 1995, 56）。この研修が当時としては、町民が福祉の新しいあり方について見識を深めるための事業として本格的かつ珍しいものであったことがうかがわれる。

12）同報告書には以前の町民の、特養や在宅の介護に対する一般的な見方がうかがわれる記述もある。老人クラブの知人の介護経験談、家族介護の問題にふれながら、「いろいろ相談の結果、老人ホームへお願いすることに決めた。所が病床にある父は『私は老人ホームという"姥捨山"のような所へは入所しない』と拒み続けたという。結論的に多くの人達の説得で入所することになったという……（別な知人の経験談で、独居の方のケースでは）年を重ねると共に体が弱くなったので、地域の人の勧めでヘルパーさんに来てもらうことにしたが、自分の生活を他人に見られたくないとの意識が強く断り続けたと云う。これも地域の方々の説得で受け入れることになったという」（二ツ井町 1995, 5）と綴られている。これは二ツ井に限らず、当時の日本で広範、かつ根強く存在した見方であったといえよう。

13）二ツ井町医談会／二ツ井町保健衛生課『夜間衛生教育十年誌』（1993）によると、地域のがん対策、脳卒中予防、健康づくりをテーマとして、講演を中心とした情報発信、住民からの健康相談の受付が行われていたことが確認される。これは地元医師と行政の連携事業であり、看護師など地域の他職種のボランティア的な参加・協力もあった。

14）KさんとHさんによれば「地域的にも近いから、感染状況が分かるので、ご家族の健康状態も、ホームカミング後、何かあった時に連絡が入りやすい」という地方の条件が強みとなった。地元や関係者の状況を迅速に把握できるという、丸岡理事長がいう「田舎の利便性」が活かされている。

15）ケアの現場で患者が家族や周囲に気を遣い過ぎ、遠慮をしてしまいがちで、自分の意向を出さないことは珍しくない。この点については諸岡（2019）が詳しい。


# 参考文献

相澤出　2019：「特別養護老人ホームと自宅での看取り、そしてホームカミング：地域への問題提起としての看取りをめぐるケア」『文化人類学』84/3、295–313。

──────　2021：「住み慣れた地元での暮らしの継続と看取りを実現するために：二ツ井ふくし会の『ホームカミング』」『ふれあいケア』27/2、28–33。

──────　2022：「介護と看取りをめぐる集合的記憶と開かれた記録：二ツ井ふくし会の「ホームカミング」と『あんしんノート』を事例として」浮ヶ谷他（編）『現代日本の「看取り文化」を構想する』東京大学出版会、191–211。

秋田県　2023：『令和3年　秋田県衛生統計年鑑』（https://www.pref.akita.lg.jp/pages/archive/72218）最終閲覧：2023年11月27日。

二ツ井町　1994：『1994　町勢要覧　愛のまち　ふたつい』。

───　1995：『平成6年度　二ツ井町づくり海外研修報告集　北欧の福祉』。

───　1995：『二ツ井町総合発展計画基本構想：TRY21ビジョン』。

───　1996：『二ツ井町　まちづくり研修報告集　平成5年度・平成7年度分』。

二ツ井町医談会／二ツ井町保健衛生課　1993：『夜間衛生教育十年誌』。

ゴッフマン・E　1984：『アサイラム：施設被収容者の日常世界』石黒毅（訳），誠信書房（Goffman. Erving, *Asylums : Essays on the Social Situation of Mental Patients and Other Inmates*, New York: Doubleday & Company Inc, 1961）。

井上由起子　2006：『いえとまちのなかで老い衰える：これからの高齢者居住　そのシステムと器のかたち』中央法規。

片桐資津子　2010：「介護労働とユニット志向ケアの導入プロセス：従来型特養における個別ケアの可能性と限界」『福祉社会学』7、162–181。

───　2012：「従来型特養と新型特養の比較研究：グループのもつ力に注目して」『社会学評論』63/1、70–86。

壬生尚美　2017：『特別養護老人ホームにおけるケアの実践課題：従来型施設とユニット型施設で生活する入居者への影響』ドメス出版。

諸岡了介　2019：「ケアと迷惑：なぜ今日の高齢者はこれほどに「迷惑」を口にするのか」本村他編『老い：人文学・ケアの現場・老年学』ポラーノ出版、25–42。

麦倉泰子　2019：『施設とはなにか：ライフストーリーから読み解く障害とケア』生活書院。

能代市　2023：『令和4年度版　能代市の統計』（https://www.city.noshiro.lg.jp/city/tokei/noshiro-tokei/22079）最終閲覧：2023年6月23日。

鈴木七美　2019：『エイジングフレンドリー・コミュニティ：超高齢社会における人生最終章の暮らし方』新曜社。

外山義　2003：『自宅でない在宅：高齢者の生活空間論』医学書院。

上野千鶴子　2011：『ケアの社会学：当事者主権の福祉社会へ』太田出版。

浮ヶ谷幸代　2022：「現代日本の「看取り文化」を構想する四つの視座」浮ヶ谷他（編）『現代日本の「看取り文化」を構想する』東京大学出版会。

浮ケ谷幸代他（編）　2022：『現代日本の「看取り文化」を構想する』東京大学出版会。

# Significance of "Homecoming" for End-of-Life Care in the Nursing-Home:

Efforts of Care by a Social Welfare Corporation "Futatsui fukushikai" and its Social Background

by AIZAWA Izuru

A social welfare corporation "Futatsui fukushikai" located in Futatsui machi, Noshiro City, in Akita Prefecture, has been promoting comprehensive care and social welfare in their community, including nursing home care. Futatsui fushikai conducts "homecoming" as a part of their nursing home care program. Futatsui fushikai's "homecoming" program helps older residents of nursing homes to temporarily return home. This "homecoming" also includes assistance in returning home for the elderly during end-of-life care. This new approach to end-of-life care builds on past efforts developed in the Futatsui town region, as confirmed by active public participation. "Homecoming" has allowed nursing home residents and their families to spend the last days of their lives in the comfort of their own homes. From the perspective of the "culture of end-of-life care," Futatsui fukushikai's end-of-life homecoming is part of a new trend toward the demedicalization and deinstitutionalization of death. At the same time, this new practice can be credited as an opportunity to generate a new culture of end-of-life care.

〈論文〉

# 看取りのドゥーラをめぐる文化人類学的考現学
### ——最期の寄り添い人が臨死期をどう変えていくのか——

林　美枝子

## 1. はじめに

　人は、人種も性別も関係なく臨死期にはスピリチュアルな痛みに必ず苛まれる。そんな彼らから看取りの介護者は、「なぜ死ななければいけないのか」、「生まれてきた意味は何なのか」と問われても、その問いに答えてはいけない。「なぜ死ななければいけないのかと思っているのですね」、「生まれてきた意味は何なのかと考えているのですね」と問いのままに問い返すことを積極的傾聴というが、まさにこれこそが唯一の解であり、その人らしく逝かせるためのスピリチュアルケアの基本手法である。

　看取りの介護、特にその人らしく送ることがより可能な在宅死では、身体と精神の鎮静を保つ医療と介護の専門家による訪問ケアだけではなく、スピリチュアルペインへの臨床ケアも必要となるが、死に逝く人が問い返しに応えて自ら答えに辿り着くためには、積極的傾聴に十分な時間をかけ、予期悲嘆に駆られることなく患者とラポール（信頼関係）を築く寄り添い人が必要となる。これを看取りのドゥーラという。最期の命を生きることを支える「人間の杖」である。

　人の臨死期には、その人らしく死を迎える「死の人権」が尊重されなければならないと考え、そのための究極のボランティアとして地域社会の隣人を養成するプログラムを、ニューヨークのホスピスで働く臨床ソーシャルワーカー、ヘンリー・フェルスコ＝ワイス氏が創設し、始まりの17人の養成が行われたのは2003年末のことである。翌年、その受講生たちは、看取りのドゥーラとしてボランティア活動を開始する。養成プログラムは全米に、カナダに、大西洋を渡ってイギリスに、そして同じ英語圏のオーストラリアへと広がり、2015年には、フェルスコ＝ワイス氏は活動仲間とともに国際看取りのドゥーラ協会（International End-of-Life Doula Association,

INELDA）を設立した。

2017 年に上梓された初めての彼の著作（Fersko-Weiss　2017）は、ドイツ語、イタリア語に翻訳され、各地の看取りの風景を変える起爆剤となった。2020 年に第 2 版が出版され、日本でもその翻訳出版が 2022 年に成された（Fersko-Weiss 2020 ＝フェルスコ＝ワイス 2022）。すべてはここから始まることになるが、フェルスコ＝ワイス氏は日本語版の読者への挨拶の中で、現在の日本にこの一冊が届けられることの意義を感慨深く述べている。

1970 年代に死の病院化、医療化が起こった日本では、患者として逝くことが一般化し、生活の場では、死は忌避されるようになったため、死の準備教育は家庭からも教育の場からも廃れてしまった。しかし医療や介護費用の高騰を受け、その抑制策の一つともいえる在宅死の誘導政策が、2012 年以降勧められるようになったことで、死は、現在次第に生活の場や地域社会に回帰している。当然ではあるが、在宅死の臨死期におけるスピリチュアルペインのケアは、積極的傾聴に時間を割けない医療や介護の専門職、あるいは予期悲嘆に駆られている家族介護者に委ねられることになった。スピリチュアルケアの寄り添い人を欠いた日本の在宅死の看取りは、専門職には燃え尽き症候群の懸念を、介護家族には看取りへの後悔と回復に時間の要する悲嘆を与えている。

本稿は、文化人類学の医療人類学の視点で、看取りのドゥーラの養成プログラムを日本に導入する可能性を探るとともに、その阻害要因は何であるのかを明らかにしようとしてきた研究成果をまとめたものである。

しかし、そもそも看取りのドゥーラの認知度は日本では極めて低く[1]、研究者もほとんどいないため、看取りのドゥーラプログラムの導入に当たっての文脈となる日本の死の文化の現状や脆弱な死生観がもたらす課題などにも言及しながら報告を試みる。


## 2．日本の伝統的な死の風景とその変容

伝統的に、日本における老親の介護を主導する担い手は、家を継承した長男であったが、拡大家族の中の一人前の労働に満たない高齢者や子・孫世代の空いた手が介護を実際には担ってきた。近代化途上の明治時代には良妻賢

母思想のもとで、卒業後の婚出が予定されている良家の子女は、女学校で嫁となるための看取りの技術や知識を学ぶようになる（新村 1991）。第二次世界大戦後は、日本には近代家族が普及し、この家族の特徴の一つである家事・育児・介護を家庭内で無償労働として担う専業主婦が一般化した。専業主婦たちは、姑からの体験的な看取り文化を継承し、義理の父母や夫を一人で看取るようになる。いずれにしても死はいつの時代も生活の傍らにあり、日々暮らしの中で自然に営まれるものであった。看取りは「死に光」を与える民俗であり、死の準備教育として死の受容を家族にもたらすとともに、今を生きる命の意義をも教え諭してくれた。

　死の理解を援ける民俗として、日本には伝統的な健康観であるケガレがあるが、ケガレとは生命力を表す気が枯れることであり、気が枯れきることが死であったから、人はそれを畏れ、慎重にそれに備えてきた。一反の晒がタンスの奥に仕舞われ、家族が亡くなるとそれを死に装束に女性たちは一昼夜で縫いあげることができた。地域社会の男性たちは墓穴掘りや葬送用の死に花作り、棺を造作する技術を継承していた。看取りの情報は秘されることなく共有されるものであったから、例えば新潟県佐渡島では、就寝中に人知れず「ネムリジニ」する突然死は、変死であり忌むべきものであった（山田 2007）。死は生活文化の中で息づいていたのである。

　しかし 1976 年から 77 年にかけて、日本でも死の医療化・病院化の影響で、病院死の率が在宅死の率を上回るようになる。次第に一般的な死とは病院死のこととなり、家々の看取り文化の継承は途絶え、日常の暮らしに「死に光」が灯ることはほとんどなくなった。葬儀社が台頭し、地域社会の死の迎え方はその自律性を失っていく。蒔かれた死への忌避観は、その後の日本人の死生観を脆弱なものとし、死の準備教育の不在は、例え末期の臨床にあっても死の受容を困難なものにさせている。

## 3. 在宅死への回帰と見える化した課題

　日本において介護という言葉が、育児を主に意味する英語のケアとは異なり、高齢者や病者の身体介助や生活支援という、この単語でしか担えない意味を獲得したのは、1998 年のことである[2]。世界最大の社会実験と言われた介護保険制度が始まるまさに前夜であった。介護の出前が法制化された当

初は、在宅療養の場に専門職とはいえ、他人を気軽に家に迎え入れるだろうか、サービスの利用控えが起こるのではないか等の懸念があったが、利用率は高まり、むしろ介護や医療費のこれ以上の増加を抑えねばならない状況が生じてくる。

　始まりは2012年8月に成立した「社会保障制度改革推進法」で、第6条に「医療の在り方については、個人の尊厳が重んぜられ、患者の意思がより尊重されるよう必要な見直しを行い、特に人生の最終段階を穏やかに過ごすことができる環境を整備すること」と明記された。そのための高齢者医療制度については社会保障制度改革国民会議での検討が早速2012年11月に野田政権下でスタートし、安倍政権下に引き継がれ、翌年の8月に解散となるまで活発な議論が20回にわたってなされることになる。その報告書には、終末期ケアや看取りの在り方についても、最期まで自分らしく生きるためにどうあるべきかという観点で、国民的な議論が求められていた（社会保障制度改革国民会議 2013）。結局は死に場所が自宅へと回帰することになったが、この時期に在宅死の看取り介護経験がある者はわずか15%であった（山岸 2013）。在宅死への誘導政策は、経験的知識のほとんどない家族介護者に終末期の介護を丸投げするリスクを抱えていたことが分かる。家族の介護がなぜ負担の重いものになるのかを、井藤（2015）は終末期のがん患者の家族介護者の聞き取り調査から、余命告知の悲嘆反応から突き動かされるように家族は内発的に介護に奔走してしまうのだろうと指摘していた。

　筆者が医療人類学の視点から看取り研究を本格的に始めたのは2014年のことであるが、まずは医師や看護師、介護の専門職や事業主、そして看取り介護遺族等への聞き取りを行った。調査からは、在宅死の看取り介護においてはその看取り環境を整える時点で病院や医療関係者と患者本人、あるいは家族との間に何らかの軋轢が起こっていた事例が多く、そのことがその後の看取りの質や満足度を左右させていた。また医療や介護の専門職や家族だけでは困難な臨死期の24時間対応をどうするのか、スピリチュアルケアの担い手の不在という課題も見える化した（林 2016；林／永田 2018）。看取り介護遺族への聞き取り内容は2015年に構築したWebサイト『看取りねっと』の「介護語り　看取り語り」のページで発信した（図1参照）。

　病院で患者として亡くなるしかない社会から、地域の住み慣れた居宅でその人らしく亡くなることを選択できる社会への制度改革は、「病院完結型社

図1　看取りねっと（https://www.mitori.net/）

会から地域完結型社会」へと表現されるようになる。確かに在宅での看取り
の希望率は総務省の 2012 年の意識調査では 54.6%（総務省 2012）で、概
ね日本人の 2 人に 1 人以上は住み慣れた我が家を死に場所として希望して
いた。しかしこの頃の在宅死率は 12% 前後であるから、日本では実際の死
に場所と希望の死に場所に乖離があったことになる。地域の居宅での療養
や、最期を迎えるための受け皿として、各基礎自治体は歩いて 30 分の距離
（あるいは小学校 2 校分の範囲、中学校 1 校分の範囲）を単位に地域包括ケ
アシステムの構築を目指すことになったが、その完成予定年度は団塊世代が
全て 75 歳以上となる 2025 年とされた。

　2023 年現在、日本の高齢化はそのスピードにおいても（韓国に次いで世
界で 2 位　表 1 参照）、その率においても（29.1%）、人類未曾有といわれ
るほどの様相を呈しているが、これ以上の寿命の伸びは生物学的に困難とな

表1　各国の高齢化のスピード

| | 高齢化率 7% の年 | 高齢化率 21% の年 | 7% から 14% になるまでの年数 | 14% から 21% になるまでの年数 | 7% から 21% になるまでの年数 |
|---|---|---|---|---|---|
| フランス | 1865 | 2022 | 115 | 42 | 157 |
| アメリカ | 1944 | 2033 | 69 | 20 | 89 |
| 日本 | 1970 | 2007 | 25 | 12 | 37 |
| タイ | 2003 | 2038 | 21 | 14 | 35 |
| 中国 | 2001 | 2035 | 23 | 11 | 34 |
| 韓国 | 2000 | 2027 | 18 | 9 | 27 |

U. S. Census Bureau 2015:12　Figure2-7 から作成

りつつあるため、当然の帰結として多死社会が到来することになる。病院、病床の増設が容易ではない中で、死に場所難民問題の発生は必至であり、例え在宅死の希望が叶っても訪問医療や介護の専門職と介護家族だけでは、臨死期の24時間の付き添いやスピリチュアルケアの担い手の不在はより深刻なものとなる。地域包括ケアシステムの構築だけでは十分に応えることが出来ない課題である。

　スピリチュアルペインへの対応のために、臨死期を支える人的資源としてどのような事例があるのかを、いくつか紹介してみよう。

# 4. 諸外国の事例

　医療や介護の専門職でも、あるいは介護家族でもない者が、病院死であれ、在宅死であれ、看取りの臨床に付き添う制度を訪ねてみると、諸外国には以下のようなものがある。例えば、各国の死の質を順位付けして評価する『エコノミスト』によると、実施した2010年、2015年の過去2回でいずれも1位と評価されたのはイギリスである (The Economist Intelligence Unit 2010; 2015)[3]。キリスト教の臨床宗教師であるチャプレンが、ホスピスのような場所には常駐しており、あるいはいかなる宗教とも一線を画すといわれているスピリチュアルヒーラーには、公的保険の適用を受けてスピリチュアルケアを委ねることも出来る。

　ニューヨークで調査した時も、在宅ホスピスを支援する公立の訪問サービスステーションには、複数のチャプレンやスピリチュアルカウンセラーがスタッフとして働いていた。彼らは、訪問医療・介護チームの一員であり、そうした専門職スタッフと同様に、在宅ホスピスの患者を定期巡回していた。しかし、これらの医療や介護職ではないスタッフもやはり専門職であり、一般の市民というわけではない。契約に基づいて一定の時間に付き添うだけで、臨死期において家族のように付き添ってくれるわけではない。

　専門職ではない者の在宅看取りの付き添い制度が整っていると思われる事例はデンマークである。1990年の法改正で、在宅死を希望する本人とその家族が同意し、医師がこれ以上医学資源を利用しても改善は望めないと診断すると、付添人制度の適用対象となる。自治体からの巡回介護と医師の定期訪問診療、住宅のリフォーム、介護補助器具等のサービスを現物給付で受け

ることができるだけではなく、精神的な支え手となる付添人を登録すること
ができるようになる（生井 1991）。公的保障による賃金給付の対象ともなる付添人として登録できるのは、必ずしも家族である必要はなく、非血縁者や友人であってもかまわない。家族が登録されるなら、家族介護が有償化することであり、それが地域社会の隣人であるなら、地域の住民が、医療や介護の専門職とともに有償で看取りを支えてくれる制度となる。しかし、同じ地域人材の活用ではあっても、デンマークの付添人と看取りのドゥーラは、有償か無償か、フォーマルケアかインフォーマルケアか、最期まで一人で関わるのか最期には複数人で関わるのか、付添人同志のネットワークの有無等で比較してみると、例え隣人の看取り人材への活用であっても、まったく別のものであった。

# 5. 日本での試み

　国内では、増加する病院死に対応する医療関係者らが臨死期のケアを学び合う「日本死の臨床研究会」が 1977 年に組織されているが、現在では介護関係者や在宅死の看取りの研究者なども広く会員となっている。近年は葬送儀礼の変化も著しく、家族葬の普及や直葬の登場はそれを示すものであるが、物理的な遺体の処理における散骨や、墓仕舞いといった単語を新聞や雑誌で目にするようになった。有機還元葬という専門用語にまで出会うことはあまりないが、明らかにデス・ポジティブ・ムーブメントにおける環境への配慮を意図したグリーン・サービスは萌芽しつつある。これらは宗教的な拘りが低い日本における、葬式仏教文化からの離脱を意味しているのかもしれない。葬儀や墓の費用を抑えたいという合理的なコストパフォーマンスの結果でもあるが、供養祭祀を頼む次世代がいない独居世帯の増加にもその原因は求められよう。いずれにしても日本人の死の受容の在り方は大きな転換期を迎えようとしている。

　2000 年の介護保険制度の成立は専業主婦が担っていた無償労働の介護を社会化した試みであるが、この制度下で在宅療養は訪問診療や看護、訪問介護を担う専門家に支えられながら家族が行うものへと変貌し、新たな看取り文化への模索が始まった。先述した看取り介護遺族への聞き取りでは、民俗としての死のケガレ観が弱化し、看取りを日々の暮らしの自然な生活音の中

で行いたいと、リビングに介護ベッドを持ち込む事例が多く、亡くなった後の寝具や寝間着を以前なら死のケガレを忌み嫌ってお焚きあげ等の対象としてもいたが、現在はクリーニングをして、個人を悼む縁であるからと大切に保管している家族もいた。調査からは、新看取りの文化の萌芽が明らかに確認されたが、死の受容に資する「死に光」の意識の再生までには至っていなかった。

　現在、看取りにおけるスピリチュアルペインへの対応力を養成するための講座や認定資格、それらを主宰・運営する NPO の設置や、起業等が多様に行われているが、結局は医療や介護の専門職にとってのフォローアップ研修、あるいは職能向上のための自己研鑽の機会と捉えられているものがほとんどであった。一般の地域住民もその認定資格を手にすることがあったとしても、それを活かす看取りの場、つまりは需要を見出すことは困難で、結局は一度もサービス提供には至っていないという話も聞いた。こうした講座や認定資格の取得にはそれなりの授業料が必要であるが、投資に見合う利益を得ることも難しい。

　研究では、もし地域住民の看取り人材への活用を検討するなら、まずは、看取りの貴重な経験知を有する地域住民を、ボランティアのピアサポーター（当事者が、次にはサポーターとなること）として活用することが最も実現可能なのではないかという仮説を立てた。そうした意思をもつ者の有無を確認するために、大規模なアンケート調査を 2018 年から 2019 年にかけて実施してみた。対象は女性団体連絡協議会の 40 歳以上の会員 1205 人で、1019 票を回収した（84.6%）。在宅看取り介護経験の有無に回答してくれた972 人のデータを分析すると、在宅死の看取り介護の経験があるのは 229人（23.5%）とかなり高率であった。在宅死の看取り介護の経験がある群と経験のない群に分け二項式ロジスティック回帰分析をすると単変量において経験ありの群といくつかの独立変数が有意に関連していた。「地域の独居高齢者のために何かしたいと思うか」という変数に回答した 962 人に対して、他の有意な変数で調整した共変量の分析を行った結果が表 2 である。看取り経験ありの群が経験なしの群の 1.44 倍も高く、何かしたいという有意な意思を示していた（表 2）。機会があるなら、看取り経験のある者は地域人材としての役割に名乗りを上げてくれる可能性が高いことが示唆された（Hayashi and Nagata 2020）。

表2　看取り経験のある群とない群との比較

| 独立変数 | カテゴリー | 在宅死の看取り介護の経験 | | 調整オッズ比 | 95% 信頼区間 | p 値 |
|---|---|---|---|---|---|---|
| | | あり群 | なし群 | | | |
| | | 227 | 734 | | | |
| | | 23.6% | 76.4% | | | |
| 地域の独居高齢者のために何かしたいと思うか | 思う | 130 | 510 | 1.44 | (1.04 - 1.99) | 0.03 * |
| | | 57.3% | 69.5% | | | |
| | 思わない | 97 | 224 | 1.00 | | |
| | | 42.7% | 30.5% | | | |

*=＜0.05

　既に、介護保険における保険者である自治体が取り組む新総合事業の一環として、地域の元気な高齢者を、介護を必要とする高齢者の見守りや介護予防人材、あるいは生活支援人材として活用することは、地域包括ケアシステムの深化を目指した共生社会づくりとして、2年間の経過期間を設けた後、2018年からは全国一斉での実施が行われている。これは限定的な有償ボランティアではあるが、小規模な基礎自治体はこの新総合事業に取り組むための社会資源の新たな掘り起こしに苦慮していた（林／永田2017）。しかし多死社会の到来に向けて、こうした介護予防の総合事業の先に、掘り起こした地域人材を育て、ゆくゆくは看取り人材の活用へと至る道もあるのではないかと考える。

　とはいえ、現状からは、ボランティアとしての看取りのドゥーラプログラムの日本への導入には多くの障壁が予想され、最もその阻害要因となるのは、やはり先述した日本人の死生観の脆弱性や死の準備教育の欠如であろう。

## 6. 死生観を耕す

　文化人類学者アーネスト・ベッカーは、死への恐怖こそが人類のたゆまぬ活動の動機であるとして死を肯定的にとらえたが（Becker 1973）、その視点は後のデス・ポジティブ・ムーブメントへと繋がっていく。このムーブメントの代表的な取り組みの一つとして、1999年にスイスで死をカジュアルに語る場であるデスカフェが始まった。イギリスでその方法や国際的なルールがまとめられ、広くインターネットで発信されると（Web サイト Death

Café https://deathcafe.com/）、デスカフェは急速に世界に広まり、2021 年現在 70 ヶ国以上で開催されるようになった。日本でも 2010 年頃から行われるようになり、2014 年頃からは Web サイトのガイドラインを参考にして各地で自然発生的に試みられ、現在では独自に多様な形態で実施されている。さらに 2021 年からは全国規模のデスカフェサミットも開かれるようになり（吉川ら 2021；吉川 2022）、メディアの注目を集めた。

　また、人生の最終段階の医療に関する話し合いのことをアドバンスケアプランニングと呼び、その関連論文は 2014 年から飛躍的に増加しているが（角田 2015）、死について語る場の需要が在宅死の政策誘導で高まっていた時期だからであろうか。2018 年以後は、それは「人生会議」と呼ばれるようになり、人生会議の手法の一つとしてもデスカフェが行われるようになった。

　筆者は、2022 年末から 1 年間、30 名余りの参加者を対象に、札幌と京都で各 4 回ほどの研究用デスカフェを試みたが、「全く知らない人たちとの席でこんなに盛り上がるとは思わなかった」「死について語ると、話題が尽きないのが不思議」等の感想を毎回のように得ていた。誰であれこうした死についての対話の場を持つべきであるとして、自らもデスカフェを主宰し始めた参加者すらいた。友居（2021）は他者とともに自らの人生を再帰的に語る場の創出が死生観を醸成すると主張しているが、研究用デスカフェは確かに参加者たちの死生観を耕してくれたと感じる。

　この研究用デスカフェの目的は、その人らしく死を受容するためのスピリチュアルペインへの効果の有無や、一般住民が他者の看取りの付添人となることの阻害要因に関するデータの収集である。そのため、ごく普通のデスカフェに加えて看取りのドゥーラの紹介や、看取りのドゥーラ体験などもプログラムとした。研究用デスカフェで配布した資料を中心に、改めてその役割や現状について説明してみよう。


# 7. 看取りのドゥーラとは何か

　フェルスコ＝ワイス氏は、友人が出産のドゥーラとなったことをきっかけに、その養成プログラムを真逆にしたものが死に逝く人の支援として有効なのではと発想するようになったという。これを、著書の中で、誰も試した

ことのないアプローチに辿り着いたのだと確信したと述べている（フェルスコ＝ワイス 2022）。

　看取りのドゥーラが介入した看取りの満足度に関しては、出産のドゥーラが時間をかけて明らかにしてきたような効果に関するエビデンスはまだないが、ローリングら（Rawlings, et al. 2019）は、190 人の看取りのドゥーラから、オンライン情報を集め、その共通項目から、ドゥーラの役割を「医療専門職が引き受けない仕事を担い、医療的ケアと社会的ケアのギャップを埋めること」であると結論づけている。世界中の看取りのドゥーラのあり方も、養成プログラムも多様化しているが、その認定要件や実践の範囲を確立することが重要であるとしている。現在、既にアメリカの 2 つの大学で、患者の死の受容や死の質の向上への看取りのドゥーラの効果に関する研究が INELDA の協力のもとで進められている。何らかの研究成果を目にする日も近いのではないだろうか。

　さて、看取りのドゥーラの寄り添いは 3 つの段階からなっている。第 1 段階は、死に逝く者を人生の振り返りや意味の探求に導き、スピリチュアルペインという答えのない問いに自らが何らかの答えを見出せるように積極的傾聴を繰り返す。生きた証をアルバムや動画に編集するなどして、本人の想いを何らかのレガシー（遺産、あるいは形見）として具現化することを支援する。同時に死に逝くその時まで、聴いていたい音楽、見たい風景、嗅ぎたい香り、お食い締めで味わいたいものなどの情報を整え、最期の命を生きるための環境を立案する。一連のサービスには、積極的傾聴法や、レガシーを作成する知識や技術、音楽や映像などの知識やそれらを編集する技術等が必要となるが、専門家である必要はない。ドゥーラは医療や介護を担うことはないが、癒しの技術としてヨガやアロマテラピーなどの資格を身に着けている者もいる。あるいは、楽器の演奏や弾き語りが得意なドゥーラもいるが、一般的にはごく普通の市民で、プログラムを受講することで誰でもドゥーラになれる。唯一の要件は、身近な人の死を経験したばかりでないこと、もし経験しているならそのグリーフケアが終了していることである。

　臨死期になるとサポートは第 2 段階となり、24 時間の見守りと付き添いが開始される。地域に居る他のドゥーラ達が動員され、シフトを組んで計画案を申し送りながら、その実施や管理に腐心する。介護疲れの家族に休息や癒しを与えるよう心を尽くす。

第3段階は死の直後からはじまる。ドゥーラは、看護師でも遺体の修復師でもないため、遺体へのエンゼルケアやエンバーミングのような介入はもちろん行わないが、葬儀社が来るまでの短い時間を、家族や死に立ち会った親密な者たちが、死を受容できるように支援する。この時に開封して読み上げてほしいと故人から生前に託された手紙があるなら、それを読み上げる、あるいはまだ温かい遺体の周りで、皆で思い出を語り合うなどのささやかな別れの儀式を行う。患者が亡くなった直後の、こうした時間の過ごし方を、フェルスコ＝ワイス氏は、日本の映画『おくりびと』（英語版のタイトルはDepartures）から影響を受けて改善したと述べていた。さらに、葬儀が終わり、1ヶ月ほど経過した後に遺族を訪れ、彼らへのグリーフケアの必要性を探るが、近年 INELDA はこの段階の支援の充実に力を注いでいることがそのホームページから読み取れる。

　ブレトンら（Brereton, et al. 2017）は、社会的パターンの変化は多くの国の地域社会のケアや緩和ケアを断片的なものとしたが、看取りのドゥーラが導入されたことは、単に自国の終末期に影響を与えただけではなく、世界的に臨死期のケアモデルを変容させることになるだろうと述べていた。

　筆者が初めてフェルスコ＝ワイス氏の著作に触れたのは 2018 年のことであるが、前年の 1 月に在宅療養の場から救急車で運ばれた母を病院で看取ることを経験している。一般の地域住民を看取りの人材として活用するにあたり、看取りのドゥーラは汎用性の高い良質のプログラムであると感じ、2019 年の 9 月にはニューヨークのフェルスコ＝ワイス氏を訪ねてインタビュー調査を行った。日本から看取りのドゥーラに関する問い合わせを受けたのは初めてであるとおっしゃり、導入を検討するのならまずはフェルスコ＝ワイス氏のこの本を日本語に翻訳して出版するようにと提案された（Hayashi and Nagata 2021）。翌年、コロナ禍の中で第二版が出版されたが、この版を明石書店から監訳出版することが出来たのは 2022 年の 10 月末のことである（図の 2 から 4 参照）。

　多死社会がもたらす種々の困難性が自分事となりつつある今こそ、繰り返しになるが死生観を耕すための語りの場や、死の準備教育を私たちは必要としている。フェルスコ＝ワイス氏のこの一冊は、間違いなくそのための有効なテキストとなるだろう。監訳者のあとがきにも書いたが、フェルスコ＝ワイス氏は日本文化への造詣が深く、ハネムーンも含めて何回か日本を訪れ

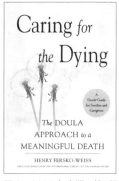

図2　2017年出版の第1版　　図3　2020年出版の第2版　　図4　2022年出版（日本語版）

ている。学生時代からの愛読書は英語版の松尾芭蕉の『奥の細道』で、その本の挿絵画家は早川幾忠氏であった（Matsuo and Hayakawa 1968）。日本語版の編集過程で、表紙や裏表紙に、既にかなり前に亡くなられた早川氏の絵を是非使いたいと考え、故人の作品の著作権を保管している御子息に事情をお伝えすると、快く、しかも無料で使用許可を頂くことができた。翻訳権の取得やアメリカ側のエージェントとの交渉を請け負ってくれた明石書店の大江社長からは、内容的にこの本を手にする読者は看取り介護家族であることが予想でき、これを繰り返し読むことになると思われるため、堅牢な美装版にすることにしたというメールをいただいた。フェルスコ＝ワイス氏の提案から3年、いくつもの温かい善意の連鎖が実った一冊である。

## 8.　おわりに

　現在、INELDA の Web サイトでは、余命を告げられ、死の受容の模索を始めなければならない患者やその家族が、看取りの住所を入力すると、地域にいる看取りのドゥーラが複数名検索できる。こうしたドゥーラ・コミュニティが、養成プログラムを導入した国の各地で構築されている。看取りのドゥーラは、繰り返すが数人のドゥーラがひとり4時間のシフトを組んで昼夜を分かたず寄り添ってくれる。あらかじめ患者の意向を汲んで立てた寝ずの番の計画を、次々に申し送りをしながら、最期までその人らしい逝き方を支援する。

先述した研究用デスカフェの参加者は、札幌、京都それぞれの同じ地域包括ケアシステム内に居住している地域住民から募った者たちである。互いに顔見知りではなかったが地理的には歩いて 30 分の距離に暮らす隣人同士であり、『看取りのドゥーラ』の読書会や自分自身の寝ずの番の計画を発表し合うことで、看取りのドゥーラへの興味や理解を深めてくれた。互いの臨死期の願いを共有したことで、いつか看取りが起こった時には、互いが互いの看取りのドゥーラになろうなどと遠い約束を交わした参加者もいた。

　ドゥーラ・コミュニティの種を、彼らを通して、彼らの地域にまずは蒔きたいと考えた成果である。

　2024 年 10 月に予定されている第 47 回日本死の臨床研究会例会は札幌で開催され、オンラインではあるが、フェルスコ＝ワイス氏に講演を依頼している。タイトルは『看取りのドゥーラ　最期の命の寄り添い人』であり、監訳した日本語版の本のタイトルと同じものとさせてもらった。改めて、日本の読者に向けて、看取りのドゥーラの考現学を語っていただく予定である。

　本論考に関わる研究は、科学研究費基盤 C　課題番号 17k04234 、および 21k01952（代表　林美枝子）の研究補助を受けて実施したものである。

# 注

1) 日本に看取りのドゥーラが紹介された初めての論稿は「看取りのドゥーラがもつ誕生と死を見通す視線」（たけなが／福澤（岸）2015）で、そこには宗教的に中立な日本でこそ、ドゥーラの本質に迫ることができるのではないかと指摘されていた。またこの論稿の著者の一人であるたけなが氏は、「みんなの MITORI 研究会」の主催者である近藤和子氏で、独自のプログラムでの看取りのドゥーラ関連の講座開催に取り組み、実際に有償のドゥーラサービスの提供も行っているという（林2023a）。

2) 介護という言葉が岩波書店の『広辞苑』に登場したのは 1983 年の第 3 版からのことである。「病人などを介抱し看護すること」となっていたが、介抱や看護との違いは説明されていなかった。その定義が定まったのは 1998 年の第 5 版からで、「高齢者・病人などを介抱し、日常生活を助けること」とされ、親項目としての辞書の定義はその後変わることなく現在の第 7 版（2018 年出版）に至っている。介護と言う言葉は 1980 年代から 90 年代にかけての高齢化社会が進展する社会・文化的な背景の影響で、大きくその意味を整えた言葉である（林 2020；2023b）。

3) The Economist Intelligence Unit は雑誌『エコノミスト』の調査機関のことである。各国の死の質 QOD（Quality of Death）の評価で、2010 年度は、総合評価で日本は 40 カ国中 23 位、続く 2015 年の発表では順位が上昇し 80 カ国中 14 位となった。The Economist Intelligence Unit の 2010 年の最初の調査白書のサブタイトルは Ranking end-of-life care（エンド・オブ・ライフケアの順位）となっていたが、2015 年の白書のサブタイトルは、Ranking palliative care（緩和ケアの順位）へと変わっている。評価分野の名称からもエンド・オブ・ライフケアという文言は姿を消し、2015 年の報告書の結論は極めて具体的で、緩和ケアシステムの拡充に取り組むことが、死の質を高めるためには世界的に最優先の課題であるとの姿勢が示唆されていた。

# 参考文献

Becker, E. 1973: *The Denial of Death*, New York: Free Press.

Brennan, P. 2019: *The Doula Business Guide. How to Succeed as a Birth, Postpartum or End-of-Life Doula*, Ann Arbor, MI: Dream Street Press.

Brereton, L. et al. 2017: "What Do We Know about Different Models of Providing

Palliative Care? Findings from a Systematic Review of Reviews," *Palliative Medicine* 31 (9), 781–797.

Fersko-Weiss, H. 2017: *Caring for the Dying: The Doula Approach to a Meaningful Death*, London: Orion Spring.

Fersko-Weiss, H. 2020: *Finding Peace at the End of Life: A Death Doula's Guide for Families and Caregivers*, Newburyport, MA: Red Wheel.（フェルスコ＝ワイス、ヘンリー 2022:『看取りのドゥーラ　最期の命の寄り添い人』山岡希美（訳）、林美枝子（監訳）、明石書店。）

Hayashi, M. and Nagata, S. 2020: "Factors Related to Family Caregivers End-of-Life, Home Care and at-Home Death Experiences: From a Survey of the Members of the Hokkaido Women's Group Liaison Council." *Bulletin of Japan Health Carellege* 6,15–26.

Hayashi, M. and Nagata, S. 2021: "Using Local Resident Volunteers in End-of-life Care In Death at Home: Survey Report on the End-of-life Doula," *Bulletin of Japan Health Care College* 7, 33–43.

Matsuo, B. and Hayakawa, I. 1968: *Back Roads to Far Towns: Basho's Oku-No-Hosomichi*, Kamaike, S. and Corman, C. (translator) New York: Grossman Publishers.

Rawlings, D. et al. 2019: "What Role Do Death Doulas Play in End-of-Life Care? A Systematic Review," *Health and Social Care* 27 (3), e82–e94.


生井久美子　1999:『人間らしい死をもとめて：ホスピス、「安楽死」、在宅死』岩波書店。

井藤美由紀　2015:『いかに死を受け止めたか：終末期がん患者を支えた家族たち』ナカニシヤ出版。

新村拓　1998:『病と死の看護の社会史』法政大学出版局。

須佐公子　2004:「高齢者の在宅死を看取った家族の体験の意味の分析と看護者の役割の検討」在宅医療助成勇美記念財団『2002 年度在宅医療助成報告書』。

角田ますみ　2015:「日本におけるアドバンスケアプランニングの現状：文献検討と内容分析から」『生命倫理』25 (1)、57–68。

たけながかずこ／福澤（岸）利江子　2015：「看取りのドゥーラがもつ誕生と死を見通す視線」『訪問看護と介護』、20 (9)、766–773。

友居和美　2021:「日本の死生観に関する研究知見と課題：世代継承性概念による考察」『社会問題研究』70、81–93。

林美枝子　2016:「在宅死の見取りにおける家族介護者の現状と看取り文化の構築に関する考察」『北海道民族学』12、60-69。

林美枝子　2023a：「看取りのドゥーラ：看取り人材の最後のパーツの活かし方」『都市問題』114、22–28。

林美枝子　2023b：「不都合なトレードへの「抵抗」：介護実践におけるジェンダー規範の揺らぎと再生・強化」『あたらしいジェンダースタディーズ　転換期を読み解く』臨床心理学増刊、金剛出版、163–169。

林美枝子／永田志津子　2018：「医療・介護の地域資源を文脈とした在宅死の看取りに関する困難性の研究：札幌市A区の事例から」『北海道民族学』14、65–79。

山田慎也　2007：『現代日本の死と葬儀：葬祭業の展開と死生観の変容』東京大学出版会。

吉川直人　2020：「国内のデスカフェの現状と可能性」『京都女子大生活福祉学科紀要』15、39–44。

吉川直人他　2021：『デスカフェ・ガイド：「場」と「人」と「可能性」』クオリティケア。

# 参考URL

The Economist Intelligence Unit 2010: *The Quality of Death, Ranking End-of-Life Care across the World*, www.lienfoundation.org/sites/default/files/qod_index_2.pdf

The Economist Intelligence Unit 2015: *The 2015 Quality of Death Index, Ranking Palliative Care across the World*, www.lienfoundation.org/sites/default/files/2015%20Quality%20of%20Death%20Report.pdf

U. S. Census Bureau 2015: *An Aging World: 2015 International Population Reports*, https://www.census.gov/content/dam/Census/library/publications/2016/demo/p95-16-1.pdf

社会保障制度改革国民会議　2013：「社会保障制度改革国民会議報告書：確かな社会保障を将来世代に伝えるための道筋」http://www.kantei.go.jp/jp/singi/kokuminkaigi/pdf/ houkokusyo.pdf.

総務省　2012：「高齢者の健康に関する意識調査」http://www8.cao.go. jp/kourei/ishiki/h24/sougou/gaiyo/pdf/kekka.pdf

# Anthropological Study of End-of Life Doulas as an Ongoing Project:
## How End-of-Life Doulas Change the End-of-Life Phase

by HAYASHI Mieko

When people are coming closer to death, they are tormented by the spiritual pain of searching for meaning in life. In order to allow a loved one to die in their own way, we need to support and help them overcome this pain and live their last life in their own way. In Japan, various initiatives have been initiated by medical and nursing care professionals. But in Europe and the United States, training has begun for ordinary local residents, who are not such specialists, to become "end-of-life doulas" who work closely with patients in clinical settings. Is it possible to fully introduce this system in Japan, where death is shunned and home care is kept very private? Japanese society is going to count many more deaths in the future, and the number of single-person households is increasing. Against the background of the current state of end-of-life care culture in Japanese society, the author, along with people with the same vision, will introduce "end-of-life doulas" who may become a new component of end-of-life care.

〈論文〉

# 生と死の共存する世界に生きる
## ——認知症患者の穏やかな死——

大村　哲夫

## はじめに

　本稿では、認知症患者の臨床にスピリチュアルケアを生かす2つの視点を紹介する。はじめに死にゆく人が死者に関わる幻覚を見る「死者ヴィジョン」について紹介し、つづいて認知症患者の心的世界と死への移行について事例を通して考察する。こうした視点に注目することは、認知症を患う人がおだやかな死を迎えるための「文化的（人間的）な看取り」につながると考える。なお筆者は本事例において心理臨床を基本とする立場で関わっており，本論文ではセラピストおよびクライエントまたは患者という表現を用いることにする．筆者はセラピストがスピリチュアリティ／宗教性に開かれた臨床を意識することで、患者の世界に寄添う、よりゆたかなケアを実現することができると考えている。

## 1. 死んだはずの人が見える「死者ヴィジョン」について

　「死が間近に迫った人が、死んだはずの人の姿を見る」という話を聞いたことはないだろうか。死を迎えるプロセスを病院で過ごすことが多くなった現代日本人には、あまり馴染みがないかもしれないが、しかし今でも耳にすることが少なくない現象である。「荒唐無稽なたわごと」「譫妄の症状の一つ」として聞き流してしまうのではなく、クライエントにとって「意味あるエピソード」として受容することが、クライエントの穏やかな死につながると筆者は考えている。

　具体的に在宅緩和ケアで亡くなった患者さんの遺族を対象として実施された質問紙調査の結果を見てみよう。2008年に東北在宅ホスピスケア研究会

が行なった悉皆調査（n=628）によると、患者が「他人には見えない人の存在や風景について語った」と回答した遺族は、全体の42.3％に及んだ。患者本人ではなく、介護をしていた遺族へのアンケートであるので、実際には半数を超える患者が見ていたと推察できる。ではいったい何が見えたのだろうか。「すでに亡くなった家族や知り合い」が最も多く52.9％と過半数となっている。この調査結果は、死の床にある人が亡妻や亡母など「親しい死者」を見たというエピソードを裏付けている。筆者はこうした死者の姿を「死者ヴィジョン」[1]と呼び、これが見える現象は、人が死にゆく過程において深い意味をもたらすと考えている[2]。一例を挙げると、

> 妻に先立たれた80代の男性を、自宅で在宅緩和ケアを利用しながら娘が介護している。
> 訪問した看護師に、
> 娘「昨日、『ママが来た』って、はっきり見えたみたい。こういうのまったく信じない人だったのに。お迎えってあるんですね……」
> 男性はこの2日後死去。

「ママ」は男性の妻を指す。また娘が「お迎えってあるんですね」と述懐しているように、こうした死者ヴィジョンを見る現象を肯定的に「お迎え」として受容[3]している。この男性のように、ふだんこうしたことを信じない「合理的」な思考を持つ人であっても、疑念をもつことなく死者の出現を受容している。おそらく自分の目で見た「事実」は、本人が潜在的に持っていた「死者が'お迎え'に来る」という民間信仰を活性化し、「親しい死者」に会いたいという願望と相俟って、psychic reality（心的現実）となるため、違和感なく受容を可能にしているのだと考えられる。

この「親しい死者が見える」という現象は、迫りつつある死の不安を軽減する効果があると考えることができる。死にゆく人の抱く不安では、「自分という存在消滅の不安」、「未知で不可逆な死への恐怖」、「遺される家族などへの心残り」などが語られることが多い。ところが死者が見えるという現象によって、まず、死者が現存すること、つまり死後「無」になってしまうのではなく、個性を持った「たましい」として生続けていることが「分かる」。死は「私自身」の消滅ではないということである。2つ目は誰も死の体験を

もたないことから、死への旅立ちには不安を覚える。しかし親しい死者が迎えにきて同伴してくれるのであれば、患者に安心がもたらされることだろう。3つ目には、死者がこの世に現れたということは、自分も死後、現世に現れ生者に関与することができることを推察させる。死にゆく人には、遺された家族のことが気掛かりとなり、「死ぬに死ねない」苦悩がある。ところが生者の危機に際し、死者である自分が出現し助けることができるなら、この不安は解消されることになる。民間信仰的な言い方をすれば、死後、死者は「ご先祖さま」と共に、生者を護る「守護神」的な存在となるということである。民間信仰を含む多くの宗教では、死と死後世界についてその世界観を語っているが、現代人が納得する合理的な説明とはいえず、信仰を持たない者にとってにわかに信じ難いものであろう。しかし、クライエントが死者ヴィジョンを「見た」場合、<u>死にゆく人自ら</u>その意味するところを自然かつ直観的に受止めることになる。この場合、安心と納得を身体感覚で受け止める「腑に落ちる」という表現が最も適切だと思う。こうしたゆるやかな「信仰」は、いわゆる組織宗教への信仰の有無とは関係なく[4]、すべての人々に共有されている。

　また、人間は高い未来予測能力をもつことで、将来起こりうる危険を回避し、それに備えることで生き延び繁栄してきた。その反面、まだ起こってもいないことを心配して「不安」を覚え、慢性的な不安神経症に悩むことになった。「人は（自分自身もやがて）死すべき存在である」という人間ならではの自覚は、限られた生を意識することで、文学や芸術、哲学という様々な文化を生み出した。しかしこのことは、死の不安から逃れられないことと表裏一体である。そこで人間には「生物的な死」にとどまらず、「人間としての死」いいかえれば「文化的な死[5]」を必要とするようになったと考えられる。

　「死者ヴィジョンによる穏やかな看取り」を経験した家族や関係者は、死者ヴィジョンの出現と穏やかな死を結びつけ、「看取りの文化」・「お迎え」として受容・継承していく。彼らは自分の死に臨んだ時、おそらく死者ヴィジョンを見、穏やかに死を迎えることになるだろう。

　臨床家も、死者ヴィジョンの出現を単に終末期譫妄の「症状」としてみるだけではなく、分析心理学でいう「元型」的現象[6]として、宗教性／スピリチュアリティに開かれた態度でみるならば、よりゆたかで穏やかな人間的看

取りに関わることが可能となるだろう。このことは本人だけではなく、看取りに関わった家族、医療・看護・介護などの関係者にも「安心」をもたらすことになると考えられる。

## 2. 生と死の共存する世界に生きる
### ——認知症患者の心的世界とおだやかな死

「認知症」に罹患したいと願う人は少ないだろう。「記憶」を喪失するだけではなく、記銘の障害、親や夫・妻という家庭内の役割、仕事や地位など社会的役割の喪失、友人・知人など人間関係の喪失、趣味・娯楽などの喪失、ひいては人格の荒廃などを予想し、家族や周囲に大きな負担を与えることなどを考えると、何としても忌避したい疾患の代表にあげられるのも無理はない。

　認知症の有病率は、80歳代後半で男性の35％、女性の44％に達し、加齢と共に急速に上昇し、90歳代後半では男性51％、女性84％（朝田2013）となるとされる。このことは認知症とは、長寿を生きるようになった人間の、避けられない生のプロセスであるということができる。死を前にしたほとんどの人が通過する過程は、不幸で忌わしいものとのみ決めつけてしまっていいのだろうか。そのことが患者の尊厳を損なうだけではなく、家族や関係者を辛く苦しませているのではないだろうか。筆者は2006年以来、認知症を患う高齢者への訪問面接を行ってきたが、数年にわたって面接を重ねるうちに、彼らの「症状」が決して不幸だけではなく、むしろ穏やかな死への移行を助けている面があることに気づいた。本章ではその典型的な事例を紹介し、プロセスを追いつつその意味を考えていきたい。

### 1）面接構造

　クライエント（以下Clと省略）は高齢者施設に入居し、在宅緩和ケアを利用していた。すなわち在宅緩和ケア支援診療所から医師の訪問を受け、施設で療養を続けていた。筆者は支援診療所から「臨床心理士兼（スピリチュアルケアを行う非宗教的）チャプレン（以下セラピストを略してThとする）」として派遣された。本事例当時は、スピリチュアルケアの専門家である「スピリチュアルケア師（日本スピリチュアルケア学会認定資格）」も、布

教伝道をしない宗教者、認定臨床宗教師（日本臨床宗教師会認定資格）も存在していなかった。そこで筆者は，狭義の心理療法とスピリチュアルケアの両面を尊重したケアを意識した関わりを目指す専門家として「臨床心理士兼チャプレン」と称していた。患者らの多様な信仰・信念に柔軟に対応するため「チャプレン」と称していても、特定の宗教的ケアを控えることにしていたのである。

　訪問は原則として週1回、面接時間は50分程度、共用スペースであるリビングルームで個別面接を行ったが、体調不良時には居室でも面接を行っている。本人の希望と体調によっては散歩、花見・野外パーティ参加等の活動を実施した。医師、看護師の他、傾聴ボランティアも1–2週に1回程度訪問を行っていた。本人の情報は電子カルテやコンファレンスで医療スタッフと共有を図った。なお Th 訪問に関わる患者の費用負担は発生していない。

## 2）クライエント

　A氏は80代男性。無職。もと民間企業の技術者。戦前は海軍技術将校。妻と共に高齢者施設に入居したが、妻の死去により単身となった。息子は別居。娘は近くに居住。認知症、脳梗塞、心不全、大腸がんなど。全身状態は、介護によって日常生活が送れる程度の状態であった。

## 3）倫理的配慮

　認知症が問題とならず夫婦健在であった在宅緩和ケア導入時に、研究目的のためのデータ使用許諾を得ている。また個人情報の一部を省略することで個人が特定できないよう配慮した。

## 4）面接経過

　経過記録は、認知症患者特有の心的世界における「ゆれ」の広さを示すため、死生観や宗教性に関わる多様なエピソードを抽出した。

　Cl の言葉は「　」、Th の言葉は〈　〉で括っている。「生死」「宗教」に関わる語と意識状態を表す部分には傍線を引いた。

第1期：妻死去による面接開始から転居まで
＃1―＃54（X＋1年3ヶ月）　＊：＃数字は、面接の累計を示す。

妻死去。抑うつと認知症進行が見られ、主治医より Th の訪問を勧められ訪問開始。目的は、①抑うつ症状の改善、②意識水準の維持。

　時折、不安の表出あるが心身ともお元気。ユーモアもある。折紙を創作し、Th らにプレゼントする。また部屋一杯に本格的な鉄道模型を走らせてみせる。娘が買ってきた「大人の塗り絵」も丁寧に仕上げる。少年期や青年期の思い出を語る。

#2　6月5日
花見以来、抑うつ傾向。車椅子に坐って夢うつつの状態。
「『カンテラ』という声が聞こえた。何故だか分からない。テントの杭を打つ音も聞こえた」と。「香港で中国の娘さんが日本風の花嫁衣装を着ていた」ともお話になる。

#5　6月28日
気分は上々意識清明。前に続き海軍時代の話。自慢や血腥い話はなく学校や幹部の裏話などユーモアや批判精神もある。繰り返しもない。

#6　7月5日
「先生が来るのを待っていました」。断固たる口調で施設の職員にお茶を要求。「こんなものしか出せません」と背筋を伸ばして力強くお話。2、3週間前のベッドで丸まっていた状態とずいぶん異なり、まさに「海軍士官」のよう。学生時代の悪戯や男勝りの祖母の話、海軍の話などを語る。

　昔の思い出は、現実の身体状況も当時に戻すようだ。

#27　9月6日
体調気分よい。明け方祖母（故人）の夢を見た。幼少時代の故郷にいる。祖母は男勝りで A 氏を育てた人。「生きている時にいいことをしておかないとホトケになってから人相が悪くなる」と叱咤された。祖母に「もう死ぬのですか？」と訊くと「お前は二百歳まで生きる。しっかり生きろ」と叱られたとのこと。

#30　10月11日

「久し振りですね」と。前回訪問の<u>記憶保持</u>。しかし「<u>記憶に自信が無くなった</u>」。自分の子どもの数が分からなくなり、話している相手が誰か分からなくなり、話していることが本当にあったことだか分からなくなってしまうと。「東大に勤めている息子」や「ブラジルにいる息子」、「パスポートをなくしてどこへも行かれなくなった」。生年も「1987年だったかな?」と不安。「誰も話をしてくれない。うんうんと頷いてくれる人がいない」と。「ボランティアのお姉さんに(鉄道模型を)上げると言って欲しい」。

　最近、自慢の模型を走らせることはなくなった。


# 32　10月25日
<u>お元気</u>そうだが、目の調子が良くないとのこと。施設看護師より以下の情報を得る。女性入所者に「結婚しよう」と言って悶着を起こした。息子にもたしなめられたらしい。

　件の女性には、A氏の亡妻の面影がある。


# 39　12月27日
心身共に<u>調子よい</u>。テレビの番組、沖縄集団自決[7]に触発されてお話。
「軍はおかしい人がいた。凝り固まって自分だけでなく人に強要するような人。だから沖縄もそういう軍人がいたのだろう。海軍も半分ぐらいはそういう狂信的なのがいた。短刀を抜いて『これで死ねるか?』などと息巻くものもいた。僕はそういうのが嫌だった。そういう奴は集団にならないと何もできないんだよ。正月は孫が楽しみ」。

　<u>批判力と良識健在</u>。


# 41　1月17日
<u>顔色元気やや消沈</u>。
「腹が立ったり悲しかったりしなくなった。奥さんが死んだ時は悲しかったが、今は悲しさが無くなった。いい奥さんだった。頭を下げたら何でも赦してくれた」、
「すぐ眠くなる、寝ることと食べることばっかり」、「外出したいけど車椅子ではね」と。

# 42　1月24日
椅子に坐って<u>傾眠</u>。
「いくらでも寝られる」。夢で「空襲で焼け出され、工場が使えなくなって霞ヶ浦に行った」と。Thが訊くと事実だという。戦後も暫く飛行艇に関わり、技術者として南米やロシアに行った。「運が良かったんだよ」、「運は向こうから来るのではなく自分で開かなくてはね」、「アメリカ人も露助も皆人間。人間同士の気配りが大事。そういうことが自分の運を開いてくれる」、「怒ったり喧嘩ばかりしている人もいたけど、そういう人は相手にされなかった」と。

# 54　5月8日
<u>元気なく目が据わっている</u>。絵本を見ている。内容は、父に死なれ夫に先立たれた女性が、夢で父に再会するというもの。「悲しくなっちゃう」と感想。
　「最近ヒラリーさん（筆者註：ヒラリー・クリントンのことらしい）から2回電話があった。夫が頼りないので頼まれちゃう」と真顔でお話。

　第2期：転居から肺炎による危篤まで
　　＃65―＃134（X＋1年3ヶ月―X＋3年）
　制度上の理由で他施設に転居。環境は良いが、スタッフの働きかけが控えめ。入所者同士の関わりも少ない。A氏にとっては刺激が少ないようだ。

# 66　8月28日
一人で坐って待っている。
Aさんが親しくしていた前の施設のスタッフの話をしてみるが「名前はみんな忘れてしまった」。〈私（Th）のことは覚えている？〉「先生のことは忘れない。もう一人のあの先生も」〈○○先生（主治医）のこと？〉「そうそう」。「<u>ここは仏さまの世界</u>」と。「部屋で<u>お経</u>のCDを流しても文句は言われないのでよかった」[8]。
　Aさんは日蓮宗の信者。妻の死後、小さな仏壇を居室に置いて、時々線香（電子）をつけている。

# 75　11月20日

椅子に坐って傾眠。声掛けにすぐ覚醒。お元気そうだが「下痢で困る」と。「自分が死ぬ夢を3回見た」、「良く覚えていないが、船に乗っていて空中に持ち上げられ沈んだ」、「次から次へと夢を見ている」。「そんなに悪いことをしてきたのかな」と落ち込んでいる。「B園（前施設）が焼けたと誰かから聞いた。一階が焼けたらしい」（筆者註：念のためB園に行ったが無事だった）。「一番困った夢は、おしっこを垂れた夢」。

## #80　1月8日
お元気。先日はスタッフの子供に塗り絵を教えた。役割を得たAさんは嬉しそう。
〈Aさんの考えるいい世界って何ですか？〉
「子供がいて年寄りと一緒にいる。海が近くお船がある。ヘリポートがあってどこへも行け、駅の近くに温泉がある。その周りをお散歩。足湯もある」と。

## #86　2月19日
傾眠。声掛けに覚醒。声がいつもと違い上ずっている。
「仏さんに近づいて、お地蔵さんと間違えてお賽銭を置いていくんだ」。「バスと電車の駅の近くに一杯飲み屋があって、そこでゆっくりするんだ、お姐さんがお銚子を持って来てくれる」。「先に行くとお墓がある。子どもと一緒にお菓子を貰ったりするんだ」など熱心に語り続けるがThと視線は合わない。問いには答えるが夢うつつの世界にいるよう。「ここは天国だよ」と。
　ゆったりとして穏やかな様子。

## #88　3月5日
「調子いい」。「大判、小判が台所の床の下に隠してあったんだ」、「刀もあってそれを指してお城へ行った」、「おじいさんが首を持ってきて怖かった。自分の仕事だと言われ、首をお盆に載せてお寺へ持っていって供養してもらった。ミイラ化していた」など不思議な話を次々語る。〈眠くありませんか？〉と訊くと、「怖い話なので眠くないんだ」。

## #94　4月23日

体調悪く居室で寝ている。声掛けに直ちに開眼。

「下痢が出る」。「船が出る」、「乗り込めと言われて乗り込んだ」、「どこへ行くか分からない」、「今上陛下の命令」。「手術を受けた。弾が抜けたかどうか分からない。手術の途中でいなくなった、まだ縫って貰っていない」。召集され軍艦に乗り込み被弾、手術を受け船室にいるらしい。「夢なのか現実のことなのか分からなくなった」、「(Th に) 新聞を見て来たんですか？」、「こんな古い船じゃ、飛行機の 2 機ぐらいでやられてしまう」、「退役軍人が集められたが、どうなっているのか分からない」。

「大きな決定がされたようだ」、「新聞を見たらみんなびっくりするだろうな」、「私はもう 10 年前に死んでいるのに」。

　目は据わって Th をしっかりと見ているが、Th とはっきりと認知していない。〈私は誰ですか？〉と訊くと「先生」と答えるが、軍艦に取材に来た記者だとも。

「船に若い女の人が乗り込んできてお産になり私が取り上げたんですよ、どうしてか分からないけど」。「大砲が四発発射された」。

　現実に戻る気配なし。非現実の世界にいながら、現実の Th と会話をしている。語られた「ものがたり」は、「死と再生」のエピソードといえる。


#97　5月14日

椅子に坐って寝ている。

「弱虫なんだよ、泣き虫で困るんだ」。体調は悪くないそうだが元気はない。気分転換に散歩に誘う。池の風景から霞ヶ浦の話となる。「25 キロから 30 キロぐらいの鰻を釣った。駅前に市が立った。みんなで食べておいしかった。鮒も捕れた」など大変生き生きとなる。

　部屋に戻ったら、線香を点け鈴を鳴らして仏壇でお祈りをする。


#101　6月11日

傾眠だがすぐに開眼。お元気。

〈6月ですが何か思い出がありますか？〉「逃亡記」「軍隊で 5 千人いる中から『脱走して逃げろ』と中将から命令された。『何をしても良い。殺しても良い』と。失敗したら死刑。私は南米まで逃げた。その後日本に戻って自首した。今度はそこからも逃げろ、と言われた逃げた。墓に隠れた。表彰状を

70

もらい『君はもう自由だ』と言われたとのこと。
　そういう<u>夢を見たのか</u>曖昧。「漫画のような話」と<u>楽しそう</u>。

＃ 114　10 月 15 日
お元気。横須賀の海でイイダコを釣った話を楽しそうにする。餌は生のサツマイモを切ったもの。「タコはおばかさんだから跳びついてくるの」と身振りを交えて説明。
　<u>意識は清明だが、壁の向こうは海だと思っている。</u>

＃ 118　11 月 26 日
「生まれて 3 ヶ月の頃、3 匹の犬と一緒に育った。1 匹は大きく水牛のようで、溺れている子どもを救ったり、水を汲んできたりした。（A さんは）犬小屋でご飯を食べ、犬は人間のご飯を食べたり、いつも犬といた」などとニコニコしながら語る。
　無類の犬好きの A さんには、幸せなことのよう。

＃ 119　12 月 10 日
<u>傾眠。</u>
「お母さんの夢を見なくなった。私の面倒をみるの嫌になったのかな」。「<u>寝るたびに 1 人ずついなくなる、私も</u>。南無妙法蓮華経。病から救い給え」「忘れないようにしないとね」〔中略〕「宮様が現れる」「賀陽の宮さま、軍艦に乗っている」〈お会いしたことがあるのですか？〉「あります。平服で。『よう、元気か』とお声を掛けてくれた」と。

＃ 120　12 月 25 日
<u>傾眠。</u>
「<u>お誕生会</u>をしてくれた」「お父さん（故人）がやってくれた、初めて。父にそんなことをしたことが無かったので申し訳ない。初めて父親から認められた気がした」、「奥さん（故人）がいないのが玉に瑕。お母さん（故人）もいなかったようだ。残念なのは家でやりたかった」〈どこだったんですか？〉「ここ。いや家だったかも。立派になっていて<u>3 階建て</u>（筆者註：後の話題にも出現する）。気恥ずかしくって入れないぐらい。俺の好きなお饅頭やお

寿司が用意されていたが、幼馴染みや親戚がたくさんいたのでみんな食べて
しまった。自分は食べられなかったが満足。楽しかった。先生も呼んであげ
たかった」「何だか僕のお葬式みたいだった。丸棺で」、「夢だったのかな」と。
　クリスマスに刺激されたのだろうか。「生と死」のエピソード。

# #121　1月7日
「自分では健康だと思っている」、「子どもや孫たちが来るので今日は楽しみ」。
「家は3階建てでね、私たちの部屋は3階」とお話になる。「○○（Aさん
が少年時代過ごしたという）へ行ってきた」「お迎えかも知れない。家族や
親戚がたくさん来ていた」などともお話。

# #127　3月4日
少し面やつれしているが「調子は悪くないです」「とにかく眠くって、夜は
寝てるんだけど」海軍の話や大好きな犬の話も。時々手を合わせて「南無妙
法蓮華経、南無妙法蓮華経」とお題目を唱え「ありがとうございました」。
何を祈っているのかと訊くと「人が殺したり、殺されたりするような戦争が
無く、平和でありますようにと祈っている」とのこと。
　ThはA氏の利他的な祈りに感銘を受けつつ傾聴。

# #131　4月1日
「最近ぼけて、坐った途端に忘れてしまう。坐ったらアフリカに行っちゃう
んです」とお話。「ほらあの貝」〈シャコ貝？〉「そうそれ！　その中から叫
ぶんです」〈誰が？〉「カニじゃなくて貝の身が」と不思議な話を語りなが
ら夢うつつ。

　第3期：恢復から死去まで
　　#135―#161（X＋3年―X＋7ヶ月）
　肺炎を発症し生死の境を彷徨うが、恢復。体力低下。死去。

# #135　5月13日
目をぱっちりと開けているがかなりやつれている。Thを認識するが声が裏
返っている。肺炎のことは全く覚えていない。

72

「体がしぼんだような気がする」、「目がよく見えない」、「歳をとった」。〈いくつになりました？〉「99歳」〈まず100歳を目指しましょうか〉、「100歳までは生きたいものね」。「旅に出たい。鉄道か船に乗って」と。

　鉄道も船もAさんの好きな乗り物。

## ＃137　6月2日

意識は清明だが、目に力がない。熊の縫いぐるみの手触りを楽しんでいる。「早くみんなのいるところへ行きたい」とお話。

## ＃139　6月17日

居室で寝ている。声掛けに覚醒。左胸を押さえ「締め付けられるような痛み」。「学生がたくさん神宮外苑に集まっている」学徒出陣のようでもあるが、戦後でもある。「軍国主義か、民主主義か」「天皇陛下の息子さん」。Aさんもその場にいる。「窓の外にトカミンがいる。女の人3人。1人は自分の奥さん。もう1人は自分」「南無妙法蓮華経」、「少国民」など。

　「トカミン」とは何か、Aさんに説明を求めても分からない。

## ＃140　6月24日

居室で寝ている。顔色悪く土気色。声掛けに開眼。

「学生さんがうろうろと迷っている。それを子どもたちがからかっているんだ。『一本道だよ』」。「道は川に出合うんだ。川の水は冷たいんだ。この川がどこから来ているのか、近くの人に訊いても知らないんだ」、「道の先は火葬場。3階建の家があってね。そこには幽霊やお化けがいるんだ（にっこりと笑う）」。「（この道は）引き返すことはできないんだ」。

　Thの顔を見ながら淀みなく語り、すっと入眠。

人生は引返せない一本道ということだろう。3階建ての家は、＃120でお誕生会（葬式）を行った自宅と同じだろうか。「幽霊」には、親しい死者たちも含まれているようだ。話後、Aさんに不安はみられず、むしろ悟ったようにみえる。

## ＃152　10月14日

居室で傾眠。声掛けに覚醒するが聴き取りにくい。子供時代の夢。

「ワルだった。頭のいいワルに使われていた。学校の廊下に水を撒いたりして先生に怒られた。先生に『お前のことは嫌いだ』と言われた。『俺も嫌いだ』と言ってやったら笑っていた」など。女の子もいじめていたらしい。〈女の人が好きなのは今も変わりませんね〉と言うと「そうなんだよ」と笑う。

　話して元気になる。<u>意識清明</u>。いつもより丁寧に挨拶される。

＃153　10月21日
リクライニングチェアで気持ちよさそうに<u>寝ている</u>。声掛けに覚醒して車椅子に移乗。肺炎以来、最も調子がよさそうに見える。
「子供の頃の夢をよく見る。悪戯をして先生や兄に叱られる夢。〈お兄さん（故人）は今どうしていますか？〉と訊ねると「さあ、何をやっているんだか」と。

＃154　10月28日
居室で<u>寝ている</u>が、呼ぶと覚醒。食事もおいしく摂れているとのこと。
「兵隊の時の夢を見る」。Aさんは軍用艇に乗ったり小型潜水艦に乗っている。「他の艦艇に当たったり、潜水艦の時は見つかって一発貫ったらだめなんだ」。

　戦後は仕事が無く苦労したなど<u>意識は清明</u>。

＃156　11月11日
椅子に坐って背筋を伸ばし<u>意識清明</u>。食べ物の話に目を輝かす。魚の話から、昔、霞ヶ浦で鰻などを捕り蒲焼きにして振舞ったこと、鮒や泥鰌、鯉なども捕り楽しかったことなどを語る。

　以前聞いた話と符合。ただ<u>言葉が思い出せず詰まってしまうと会話が繋がらない</u>。

＃161　12月12日
椅子に坐り、ボーっとしており<u>生気がない</u>。目は目脂で固まり開かない。今朝の食事は久し振りに自分で摂った。口唇には食べ物が付いている。
「調子の悪いところはない」、「良い夢も悪い夢も両方見る。混じっている」。

外は雪景色。雪が降ったことは知っているが、特に感慨にふけることはない。「夢と（現実が）混じっているような感じ」とも。

感情の起伏が無くなりお静かな様子。

＃162　12月13日

誤嚥性肺炎で死去。施設職員から最期の様子を聞く。

二人の娘が交代で泊まったこと。孫が来て結婚の報告をしたこと。会話は無かったが聴いていたと思うこと。孫を送るために娘が空港へ行っている間に穏やかに息を引き取った。「穏やかな人柄でした。Th が毎週話しに来てくれてよかった。ここでは（忙しく）一対一でゆっくり話をしにくいので」「どうやって（認知症の患者と）話ができたのですか？」などと訊かれる。

## 5）考察

### 1　「大切な記憶」に生きる

　認知症高齢者が昔話にこだわることは良く知られている。青少年期の思い出を繰返し語ることで家族を辟易させることもある[9]。しかしこうした昔話を語る高齢者は、関心を寄せて聴く聴き手を得ると、別人のように生き生きとした姿を見せる。語られる話も基本的な部分では齟齬が見られず、思い出が大事に保存されてきたことがわかる。A 氏の場合、少年時代や海軍時代、戦後がよく語られる時代であった。A 氏は思い出を語りながら、自分自身もそこへ入りこみ、若返って主人公となっていた。「大切な記憶」の世界に生きていると言える。夢と異なるのは、現実世界と重なり合いながら生きているということである（＃94 など参照）。

### 2　「譫妄[10]（Delirium）」という症状と「心的現実（Psychic reality）

　終末期における認知症は、終末期譫妄と同様の精神症状を示し、これらを区別することは臨床的には余り意味はない。Diagnostic and Statistical Manual of Mental Disorders, Fifth edition（DSM5）（American Psychiatric Association 2013）では、譫妄の「知覚障害には、誤認、錯覚、幻視がある」（日本精神神経学会 2014, 591）とされ、「終末期の人すべての中では 83 ％まで及ぶ」（同 592）とされている[11]。つまり死にゆく人が経験する一般的な症状であると言える。症状のうち幻視についても、第 1 章「死ん

だはずの人が見える『死者ヴィジョン』について」で紹介したように多くの人が経験し、死者や非合理な事象と出会い、それを「心的現実」として経験している（山中1991；大村2010など）ことが示唆される。

## 3 生の世界から死の世界へ

　認知症高齢者の意識水準は、清明な時と夢うつつの状態、夢が交互に訪れ、意識と無意識との間のグラデーション状態にある。月日の経過と共に徐々に全体の意識水準が低下し、夢（死）の世界へと移行していく。本事例でＡ氏は傾眠状態だが、声掛けには直ちに覚醒するという意識水準であった。現実見当識が高く保たれている時期から、時には過去や思い出の地に戻り、親しい死者が現れ、自らその世界の一員となって、時間と空間を自由自在に遊ぶ。その一方でThと会話するなど現実世界との関わりも維持されていた。大きなものがたりの中で、「死」（＃75、88、101、119、120、140など）と「再生」（＃94、102、120など）、「旅立ち」（＃94、135、137、139など）、「宗教性[12]」（＃66、86、88、94、127、139、140など）に関わるエピソードが出現し、非合理的ではあるものの本人にとって親しみのある世界が現前していた。生と死の共存する境界にあって、親しい死者を我が目で見、共に話したり遊んだりした心的「現実」は、宗教が語る「天国」、「極楽」などの教義的死後世界より説得力があり、信仰の有無に関わらず死後世界への信頼が生まれると考えられる[13]（大村2010；2012；2015）。

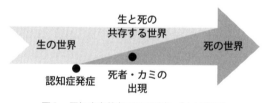

図1　認知症高齢者の死の受容　［大村作図］

　私たちは、健康な時には生の世界に生きている。しかし認知症の発症と共に、親しい死者が死者ヴィジョンとして現れるようになると、生の世界の中に死の世界が侵入してくる（図1参照）。現実社会である生の世界に属しながら、同時に死者のいる世界にも属するようになり、生者にも死者にも関わる生を生きるようになる。やがて死者の世界の割合が高くなり、死者と死の

世界にじゅうぶん親しんだところで生物的な死を迎えることになる。認知症患者の「大切な思い出」と「死者ヴィジョン」の出現によって、死に慣れ、心理的に死を恐れることなく、身体的な死へと移行していくことができると筆者は考えている。

4 「死者ヴィジョン」出現をめぐる本人と周囲の受容と、看取りの関係

　本事例でも、既に亡くなった死者の姿が頻繁に出現する。夢の中で、または夢うつつの状態で、時には私との面談中にも出現していた。こうした現象は高齢者や終末期患者には珍しいことではなく、筆者もこれまで注目してきた（大村 2009；2010）（大橋／大村 2013）。

　本事例の主人公は、こうした死者の出現に対して違和感を感じることなく、親和的に受容している。そして面談する Th もこれに異を唱えることなく受止めてきた。こうした肯定的な雰囲気の中、死への移行プロセスが不安

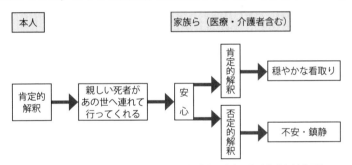

図2　死者ヴィジョンの解釈と死の受容（本人肯定の場合）［大村作図］

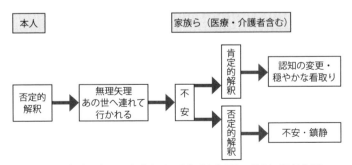

図3　死者ヴィジョンの解釈と死の受容（本人否定の場合）［大村作図］

を感じることなく進行し、本人や周囲にとって穏やかな看取りに繋がったと考えられる（図2　上段）。しかし死者ヴィジョンが本人や周囲に不安をもたらすこともあり、譫妄症状として薬物による鎮静の対象とされることもある（図2　下段、図3　下段）（大村　2010）。本人が死者ヴィジョンを肯定的に受止めるか否かだけではなく、周囲の家族や医療・看護・介護者などがこうした現象をどのように受け止めるのかによって看取りの質は大きく変化するため、看取りの環境は重要である。

## 5　語ること・聴くことの「意味」

A氏は、日常一緒に生活しているスタッフの名前は失念していたが、週に一度訪問するThは覚えていた（＃66）。訪問の時間になると居室を出てリビングルームへ移動し、椅子に坐りながらThを待っていた（＃30）。このことは、A氏にとってThの訪問が「意味あるもの」であったことを示唆している。A氏の語るものがたりに耳を傾けるThの存在は、A氏のものがたりに意味を与え、自己肯定感を高め、自尊感情を向上させ、A氏自身が自分の人生・存在を価値あるものとして受止めることになる。また傾聴は、A氏に「語り手」という役割を与え、A氏がそれを演じることで社会的役割を果たすことが可能となる。社会的動物である人間にとって、最期まで何らかの社会的役割を演じることは、最期まで生きがいを維持することにもつながる。認知症患者の語るものがたりを「たわごと」として相手にしなければ、患者の「役割」と「生きがい」を剥奪し、「生きる意味」を喪わせることになるだろう。

またルーティーン・ワークに忙殺される施設スタッフとは別に、A氏の思い出の世界を共に味わうThの訪問は、単なる共感に留まらず、Clにとって心的世界と現実世界との接点となっていた。このことは現実見当識を刺激し、意識水準を維持することになり、Clが現実生活を生きるために有効であったと考えられる。夢のような話を聴くことと、現実見当識を維持することは、矛盾しているようだが両立するのである。

## 6　認知症の「意味」

アルツハイマー型などの認知症は、「大切な記憶」は保持されるが、短期記憶は障害される。朝何を食べたかなどは記憶されず、「今」の瞬間に生き

ているといえる。過去ですら「今」として生きている。今日が何曜日であっても引き算が出来なくてもいい[14]、社会に役立つかという評価の世界ではなく、自分にとって大切な記憶だけを残して生きていると考えれば、認知症は実は「幸せな生」とみることもできよう。『恍惚の人』（有吉 1972）は、「痴呆老人」の介護問題について社会に警鐘を鳴らした。作品は必ずしも認知症の否定面だけを強調していたのではないが、経済的幸福を追求していた高度経済成長社会では、認知症を忌避し、「ぽっくり信仰」や「ぼけ封じ」が流行する社会現象を生んだ。認知症では、介護の困難や徘徊、事故の責任など深刻な介護上の「問題」が存在するが、認知症の否定的側面にのみ注目し、高齢者の多くが経験する老いの過程の肯定的側面・意味を見ようとしないことには疑問があるのではないだろうか。

　中国の元代に成立した『二十四孝』（郭居敬）という親孝行の事績を蒐めた書籍があり、日本の教育にも影響を与えてきた。この中に認知症のケアにかかわるケースが見られる。老萊子には年老いた両親があったが、初老となった老萊子を見て息子と分からなくなった。そこで老萊子は子どもが着る赤い服を着て玩具を手にし、よちよち歩きをして転倒してみせるなどして、両親を安心させたというエピソードである。認知症になった両親は息子を「忘れた」のではなく、記憶の中の老萊子を探していたのだ。認知症の親の介護をしている成人の子が、親に「忘れられ」て悲しい思いをするという話はよく聞く。しかし、むしろ親は子を「覚えて」いるから認識できなかったと考えられる。その証拠に孫を子と間違えるエピソードも同時に聞かれる。こうしたことを元代の中国人は認識しており、認知症の親に不安を与えないケアを心がけていたことに、筆者は改めて感銘を受けている。

　また、禅に『十牛図』（上田／柳田　1982；河合　1989 など）という組画がある。牧童が逃げた牛を探し求め、発見し、共に帰るが、やがて牛を忘れ、人も忘れ（牧童もいなくなる）、ただ花が咲いている情景になる。これで終わりでよさそうだが、もう一枚あり、人が人に出会っている。まるで人間の一生のようでもある。苦労して得たものを手放し、自我も他者もなくなり本源自然に帰る（いわば「悟り」の境地）というところに認知症高齢者の姿を見ると共に、死に臨みながら親しい人（死者）と出会うということは、私たちに人は最期まで、人間間の関係性の中に生きていることを教えてくれる。

まとめ

① 認知症高齢者は「大切な記憶」を保持し、その変奏曲の世界に生きている。

② 認知症高齢者への継続的面接によって、生から死へ向かう大きな「ものがたり」を読み取ることができる。

③ 認知症高齢者の心的世界は、「過去や死者の共存する今」という非合理世界であると同時に、現実世界との関わりも保っている。本人にとって心的現実（Psychic reality）であり、親和的である。

④ この心的世界に遊び、徐々に「死」に慣れ親しむことによって、死の不安が軽減され穏やかな死を迎えることができる。

⑤ 認知症高齢者へのケアは、特有の心的世界への支持的ケアと、定期的・継続面接による現実見当識の刺激により、バランスのとれた穏やかな生・看取りが可能となる。

⑥ 認知症は、「死を受容する自然な過程」とみることができる。

⑦ 傾聴は、認知症高齢者に「語り手」という社会的役割を与え、人生に意味を見出すことができるケアである。

　認知症高齢者の死の受容を論ずるには紹介した一事例では不十分だが、他のケースでも概ね同様の経過が見られ、筆者は普遍的傾向をもつと考えている。

　また本稿は、認知症という症状についての新たな視点とケアについて論じたもので、認知症患者のケアの困難さを軽視するものではない。猜疑や怒り、徘徊などの介護者にとっての「問題」は、見方やケアの方法を変えても劇的に改善するものではなく、「問題」行動の根柢にある器質的な問題や、長い人生をかけて身についたこだわりの修正は容易ではないだろう。しかしながら「死を受容する自然な過程としての認知症」という見方は、認知症を患う本人はもとより、家族の心理的負担を軽減し、関係性の改善をもたらす。筆者が訪問したClの中には、易怒性がありハラスメント行為を行う人もあった。しかし定期的・継続した傾聴面接によって、現実世界との不適応に起因する不安が低減し、「大切な記憶」が甦り、その記憶をThと共有することで次第に問題行動が落ち着いてきた。こうした変化は周囲との関係性

を恢復させ、穏やかな生活と看取りにつながる。筆者は、認知症という症状の「意味」を問い直すことに、臨床的にも文化的にも意義があることと考えている。

　認知症患者の臨床にスピリチュアルケアを生かすとは、認知症患者に関わる臨床家が、クライエントの語る「死者ヴィジョン」や「死後世界」をそのまま信じるということではない。認知症患者の心的事実である世界をセラピストがじゅうぶん理解した上で、支持的でありながらかつ現実的に、クライエントの宗教性／スピリチュアリティに向合うことに他ならない。そこにはよりゆたかでより人間的な心理臨床が開かれ、穏やかな看取りにつながっていくことになると確信している。

# 注

1）　俗にいう「おむかえ」もこの一つである。「おむかえ（い）」は、近世以前の用法では阿弥陀如来による‘御来迎’を指すことが多いこと、実際に見える姿は動物や不気味な存在もあること、親しい死者の出現であっても。本人がまだ死にたくないと思っている時は、ありがたい現象ではないことなどを考慮し、筆者はこれらの現象を、価値観を含まず広い意味を含ませることができる「死者ヴィジョン」を、総称として用いている。
2）　詳しくは大村哲夫（2021）などを参照されたい。
3）　こうして看取り文化としての「お迎え」が継承されていくのだろう。
4）　日本人は、「無宗教」であると言われるが、8割の人が墓参をし、寺社に初詣に行くなど「宗教的習俗」の世界に生きている。宗教性／スピリチュアリティ豊かということができる（大村 2021 など）。
5）　ここではいわゆる宗教も、文化の一つと考える。
6）　死を前にした人の前に死者が現れるという現象は、文化を超えてみることができる。たとえばアンデルセンの創作童話『マッチ売りの少女』において、凍死寸前の少女がやさしかった亡き祖母の姿をみるエピソードがある。この童話を文化の異なる私たちが、子どもですら説明を受けることなくそのまま感動することができる。このことは、彼我の文化を超えて死者ヴィジョンという現象の受容に、通底するものが存在しているということにほかならない。

7) 第二次世界大戦末期、沖縄戦で民間人が多数、「自決」を強いられた事件。「友軍」である日本軍のため、食糧や隠れ家である地下壕を提供し、作戦の足手まどいにならないよう住民が犠牲となることを余儀なくされた。沖縄戦では住民の4人に1人が死亡したとされる。

8) 入居施設は仏教系でお盆には施餓鬼棚が置かれていた。宗教性やスピリチュアリティの尊重が入所者の不安を軽減することもある。

9) 何度も繰返すことについて、ある認知症高齢者から言われたことがある。「大事な話だから言うの」「ちゃんと聞いてくれないから繰り返す」と。たしかに1時間ほどじっくりと興味を持って聴くと以後「繰り返し」は解消した。このことは家族の訴え（前に聞いた話を何度も繰り返してしつこい）に同感していた私への頂門の一針であった。また話すことを忘れてしまったように見える人や、人間嫌いに見える人も実は語る相手がいない（聴いてくれる人がいない）ため「無口」を余儀なくされていることが多い。

10)「譫妄」は、医療現場で用いられる専門用語であることと，文字に否定的な価値観が反映されていることを示すため、あえて漢字表記とした.

11) 緩和医療の教科書 *Oxford Textbook of Palliative Medicine*, 2nd ed. においても、がん末期患者の75%に譫妄が見られる（Doyle et al. 1998, 945）とある。

12) 私は「宗教性」という用語を以下の意味で用いている。「人々が、自分または自他の間に働き、自らコントロールできない事象に対してとる合理性に捉れない態度、または意味づけ」（大村 2010；2012；2014；2015 など）。特定教団への信仰を持たないが、草木から器物に至るまで魂を感じ、魂の永続を信じ墓参や初詣などを行う日本人の心性を表すには、生きる意味などを含意する「スピリチュアリティ」では適当ではないと考えるからだ。

13) 沖縄の巫者「ユタ」は、「変性意識状態（Altered states of consciousness; ASC）」の状態でカミガカリする（大橋 1998）という。カミや死者と交流するユタの心理状態と譫妄時の心理状態は酷似している（大村 2012；大橋／大村 2013）。

14) 長谷川式認知症スケールなどの質問事項。

# 文献

American Psychiatric Association 2013: *Diagnostic and Statistical Manual of Mental Disorders*, Fifth edition, VA: Arlington.（日本精神神経学会（監修）、髙橋三郎／大野裕（監訳） 2014：『DSM-5 精神疾患の診断・統計マニュアル』医学書院）

Doyle, Derek et al. (eds.) 1998: *Oxford Textbook of Palliative Medicine*, 2nd ed. New York: Oxford University Press.

Saito, Chizuko; Ohmura, Tetsuo et al. 2015: "Psychological Practices and Religiosity (*Shukyosei*) of People in Communities Affected by the Great East Japan Earthquake and Tsunami," *Pastoral Psychology* 65, 239-253, http:doi.org/10.1007/s11089-015-0685-x


朝田隆　2013:『厚生労働省科学研究費補助金認知症対策総合研究事業報告書』厚生労働省。

有吉佐和子　1972:『恍惚の人』新潮社。

大橋英寿　1998:『沖縄シャーマニズムの社会心理学的研究』弘文堂。

大橋英寿／大村哲夫　2013:「死生観とメンタルケア」『精神対話論』慶應義塾大学出版会。

大村哲夫　2007:「在宅ホスピスケアにおける心理専門職の援助と看取り文化について」『日本心理臨床学会第 26 回大会発表論文集』日本心理臨床学会。

大村哲夫　2009:「死を受容する文化としての〈お迎え〉:在宅ホスピスにおける「譫妄」と「お迎え」」『日本心理臨床学会第 28 回秋季大会発表論文集』日本心理臨床学会。

大村哲夫　2010:「死者のヴィジョンをどう捉えるか:終末期における死の受容とスピリチュアル・ケア」印度学宗教学会『論集』37、154–178。

大村哲夫　2012:「生者と死者をつなぐ〈絆〉:死者ヴィジョンの意味するもの」印度学宗教学会『論集』39、135–148。

大村哲夫　2014:「ここは天国だよ:認知症高齢者の世界と死の受容」『日本心理臨床学会 第 33 回秋季大会発表論文集』日本心理臨床学会。

大村哲夫　2015:「死にゆく人と向き合う:在宅緩和ケアにおける心理臨床」滝口俊子（監修）、大村哲夫／佐藤雅明（編著）『心理臨床とセラピストの人生:関わりあいの中の事例研究』創元社。

大村哲夫　2021:「現代におけるスピリチュアルケア」瀧口俊子／大村哲夫／和田信（編著）『共に生きるスピリチュアルケア:医療・看護から宗教まで』創元社。

河合隼雄　1989:『生と死の接点』岩波書店。

東北在宅ホスピスケア研究会　2008:『2007（平成一九）年六月実施　在宅ホスピスご遺族アンケート報告書』東北在宅ホスピスケア研究会。

上田閑照／柳田聖山　1982:『十牛図:自己の現象学』筑摩書房。

山中康裕　1987:『老いの思想』岩波書店。

山中康裕　1991:『老いのソウロロギー（魂学)』有斐閣。

# Living in a World Where Life and Death Coexist:
## The Peaceful Death of a Dementia Patient

by OHMURA Tetsuo

This article introduces two perspectives on how spiritual care can be utilized in clinical practice. First, I introduce "visions of the dead" in which dying people have hallucinations related to the dead. Second, I discuss the mental world of dementia patients and their transition to death through case studies. I believe that focusing on these perspective will lead to "cultural (human) end-of-life care" that will help people with dementia die peacefully. I am involved in this case from a standpoint of clinical psychology, and therefore in this article I use such words as a therapist and client. I believe that by being aware of clinical practices that are open to spirituality/religiosity, therapists can achieve a richer care that is more attuned to the patient's world.

<エッセイ>
# 私の死生観と看取りの現場から

柴 田 　 久 美 子

## ≪看取りの家設立≫
### 【看取りの家「なごみの里」設立】
　私は 14 年間、600 人の病院のない離島で医療が介入しない看取りを続け
てきました。その島に看取りの家を設立しました。
　設立の時に、自分自身に誓ったこと。それは、
　　1) 本人の尊厳を最優先させること
　　2) 最後の呼吸を抱きしめて看取ること
この 2 つでした。
　私は、特定の宗教を信仰しているわけではないのですが、人間の力を超え
る大きなエネルギー ( ＝神仏 ) の存在を信じています。
　私の尊敬するマザーテレサは、こう言いました（私はクリスチャンではあ
りません）。
　　「人生のたとえ 99％は不幸だとしても、最期の 1 ％が幸せならば、その
　　人の人生は幸せなものに変わる」
　マザーテレサの言葉に出会って 32 年間幸せな看取りの実現を目指して活
動を続けています。

### 【お迎えが来る〜看取りの家でのケース】
　茂さん（仮名・97 歳）は寝たきりで、自分で寝返りを打つこともできな
い。
　「今月いっぱいもつかどうか。何とか夏祭りの日を越えさせてあげたいで
すね」
　医師からそう告げられて、20 日が過ぎていた。点滴も投薬もない。
　「茂さん」

85

大声で呼び手を取るが、虚ろなままである。絶えず声をかけながらオムツを交換し、温かいタオルで全身を拭くが、いつも返事はない。

人は肉体への執着を離れ、心にとらわれがなくなった時、魂のふる里へ帰っていくと言われる。茂さんもまた最期の時を迎え、すでに暑さを感じることも、肉体に苦痛を感じることもないのだろう。

私は茂さんの手を握った。長い沈黙の中で、私は茂さんの安らかな心を感じていた。

その翌日も、やはり、茂さんは虚ろだった。私は、いつものように茂さんの手をしっかりと握り、茂さんの名前を呼んだ。すると、茂さんの目が急に開き、うれしそうにこんな話をはじめた。

「友人が二人来て……。もうとうに死んだ人だけどな。私のところに来てな、何も言わんで、とてもうれしそうに笑って、私を呼んだ。私の手を引くから、一緒について行ったけど怖くなかった。とてもいい所だったわ」

茂さんは私に「死は魂のふる里へ帰る安らぎの時なのだ」と教えてくれた。二人の友人の名前もはっきりと口にした。

「ありがとうございます」そうお伝えしてから3日後、茂さんは安らかに旅立って逝かれた。

私は、同じような話を、何人もの死の床にある逝く方々から聞いたことがある。きっと、天寿を全うする時、人は帰るべき世界を見ることができるのだろう。

## 【一般社団法人日本看取り士会設立】

島で看取りの家を運営していた私が島を離れる決断をしたのは、東京大学教授 上野千鶴子先生との出逢いがきっかけでした。

上野先生は私にこの国の「2030年問題」を示し、看取りの家での体験を「看取り学」として学問にするように勧めて下さいました。当時の私は、神戸看護学校や吉備国際大学の講師も務めており、学問としてお伝えすることの意味も充分に理解できました。

そして2012年、活動の拠点を本土に移し、一般社団法人日本看取り士会を立ち上げ、「看取り学」を創設、看取り士の育成をはじめました。

私が皆様と少し違う所があるとすれば、旅立つ方を抱きしめて看取り、臨終後も冷たくなるまでゆっくりとお別れをして頂くことでしょうか（ご家族

が居られる方はご家族に抱きしめて頂きます)。こうした丁寧な、数々の看取りの体験を通して私は看取り学として皆様にお伝えしています。

## ≪看取りの場面に求められる人としての「力」≫

　さて、看取りの場面で求められる人としての力とは何でしょう。日本看取り士会の「看取り学講座」テキストの中から抜粋してご紹介いたします。

1. 言葉の力
　・「言葉の力」で看取りをプラスに導いたケース：64歳で旅立たれた男性の娘さんからの手紙の抜粋(ご本人の承諾済み)

　　　4年間抗がん剤治療を受けてきた父に、医師から余命1ヶ月の宣告がなされ、私は戸惑いました。残されたわずかな時間を、父と共にどう生き抜こうかと……。
　　　私は、柴田さんに相談をしました。
　　　「できる限りお父さまのそばにいて、しっかり触れて！大丈夫だよって伝えて！　それだけでいいの。お父さまの温もりをしっかり感じて！それがあなたの財産になるのよ」
　　　その言葉に、私は行くたび父に抱き付き、頬ずりをしました。父の寛大さ、父の胸の中にいる安心感、必死で生きている胸の鼓動、薬の副作用でガサガサになった爪や指の感触、父のにおいを余すことなく感じ取りました。
　　　「お父さん大丈夫だよ。大丈夫だよ。ありがとう。大好きだよ」
　　　愛おしい……。病院を訪れた時の至福のひとときでした。
　　　「父の最期は私が抱きしめて送る」
　　　そう願っていた私でしたが、それを実現することができなかったのです。
　　　「間に合わなかった……。何て取り返しのつかないことをしてしまったんだ……」
　　　私は、すぐに柴田さんに連絡しました。
　　　「それは、お父さまがお望みになったことなの。だから大丈夫よ！そ

れでよかったの。今までと同じように、お父さまにしっかり触れて！」

　その言葉に、どんなに安堵したことか……。感謝の気持ちが込み上げてきました。そして、父に触れ、「お父さん、お疲れ様でした。ようやく楽になれたね。ありがとう」と何度も何度も伝えました。

　私は、命のバトンを受け取るということ、そのことを自分の感覚で確実に感じ取ることができました。今までにはないほどに父を身近に感じ、いつも一緒にいる感覚、父に触れることで感じてきたすべてのものが、私の身体の中にしっかり収められています。

　それは、共にいた幼い2人の我が子にもしっかりと手渡されているに違いありません。

　父は、私たちの中で永遠に生き続けます。決して消えることはありません。私たちは、このバトンをしっかりと握りしめ、これからの人生を父と共に歩んでいきます。


　私の言葉が娘さんの心に届き、娘さんはプラスの看取りを果たして下さいました。言葉の力の大きさを確信したケースです。この手紙からもお分かりのように、看取りの場面で必要な2つ目のポイントは、「触れること」です。

## 2. 触れ合うことで生み出される力
　まず触れる、触れられるという感覚を考察してみましょう。手の平はとても敏感な場所です。例えば、自分の右手を左手に合わせて合掌のポーズをとります。右手を触った時、左手も同じ感覚でとらえます。触れている感覚と触れられている感覚。しばらくすると、合わせている手の平が広がっていく感じがします。右手と左手という違うものが一つになるのです。合掌の場合は、触れているという安心感を自分自身でつくり上げます。これこそ一人で安心感を得る方法です。

　この場合と同じように、触れることで、看取る者と看取られる者が一体になるのです。日常の暮らしの中で手を合わせることを丁寧に行うことで、触れることを看取りの場面で提案できる自分になれるのです。旅立つ人に触れる時、その方と一体感を持つことができます。触れることで残される人々は、旅立つ方の命のバトン、生きる希望を受け取ることができます。触れ合うことで死を分かち合うことが出来るのです。前述の娘さんは、触れること

で父親と一体感を深め、旅立ちの後も父親が身近に感じられるようになったと言います。

## 3. 呼吸による力

看取りの現場にいながら、当事者意識が持てる。ご本人、そしてご家族の立場に立てること。いつもやさしく、やさしく、やさしくあり続けること。感情をコントロールして冷静に対処するには、自らの呼吸を整えることです。

ここで、私の実践している齋藤孝さんの『呼吸入門』から呼吸法をご紹介します（齋藤 2003, 59–60, 64）。

> この呼吸法は非常にシンプルです。意識を丹田にもっていってゆったりお腹で呼吸します。鼻から三秒息を吸って、二秒お腹の中にぐっと溜めて、十五秒間かけて口から細くゆっくりと吐く——たったこれだけのシンプルなものです。慣れてきたら、鼻から吐いてもいい。「三・二・十五」をワンセットとして六回、合計二分間集中してやってみるのがよいでしょう。

また、この本では、織田信長が桶狭間の戦いの前に舞をしたことをあげて、「舞は呼吸そのものの芸道です。長くゆるく息を吐く、臍下丹田に力を込めた力強いゆるやかな呼吸をすることによって、死さえも恐れない、落ち着いた精神状態に入ることができた」と記しています。

人は、自分の呼吸がほかの人と共有された時に心が安らぎます。触れ合うことで旅立つ人の心は落ち着き、呼吸を合わせることで、さらに呼吸は穏やかなものになります。

身体が二つ別々なものであっても、「一つの息のもの」として感じられると安心でき、心は平静になれるのです。旅立ちの時、自分の身体を自分一人で支え続けることは、不安やストレスがあります。

自分の呼吸のリズムがほかの人と共有されると、自らの存在を受け入れられているという肯定感が生まれてきます。ほかの身体と同一化するような感覚は、旅立つ人を安らぎの世界に導きます。

## 4. 祈りの力

　私は毎朝、静かに祈ります。誤解のないように書きますが、私は特別な宗教を持ってはいません。心静かに祈るとき、私の心はとても穏やかに、美しい鏡のように澄んでいきます。祈りや瞑想をすると α 波という脳波が現われ、心身の健康にとても良い影響を与えることはよく知られています。

　祈りが治病に及ぼす影響についても、アメリカの医学者、ランドルフ・バード氏は次のような研究結果を発表しています（Byrd 1988）。

　　　サンフランシスコ総合病院の冠動脈科病棟で入院患者 393 人を対象に、人々の祈りを受けるグループと、受けないグループに分ける。次に祈りを送る側の人々が決められ、さまざまな信仰を持つ人たちが選ばれた。それぞれが担当する患者に定期的に祈りを捧げるのだが、患者との面識はない。もちろん、祈りを受ける側の患者たちも自分がどちらのグループに入っているかは、患者本人、医師や看護婦にも知らせない。祈りという行為を除いて、両方の患者は通常の医学的治療を受けた。その結果、祈りを受けた患者のグループは、祈りを受けなかった患者のグループよりも抗生物質の投与量が 5 分の 1 に減ったという。明らかに、祈りを受けた患者のほうが、より健康的になったというのだ。

　日々の暮らしの中で、毎日入浴をして身体を洗うように、祈りを習慣にして心を洗いたいと努めています。


## ≪胎内体感による自己理解≫

　人としての力を養う為に看取り士に推奨している胎内体感をご紹介いたします。胎内体感は自己理解を深めていくための手法です。

　私は旅立つ方を抱きしめて看取る実践を重ねる傍らで、内観法の講師として 20 年の経験を積みました。旅立つ方々を抱きしめて見送る時、私はふと、逝く人がまるで生まれたばかりの赤ちゃんのように、最期には絶対の安心の中で旅立たれることに気付きました。私達が胎内という「安心できる場所」に戻っていく、つまり死とは、胎内に還ることであると。今まで学んできた内観法に「胎内の安心」を加えることで、「胎内体感」は生み出されました。

この内観法と看取りの道の 32 年を通して、私は胎内という誰もが体験した十月十日もの長い期間の安全の場所にたどり着きました。

愛とは液体のようなものです。自分の心の中が愛で満たされたら、自然と外へあふれ出ていきます。ご両親から注がれた愛情を何度でも思い起こして、その愛情が今度は他者へとあふれていくのです。あなたの「大丈夫」は、常にあなたの内側に存在するようになります。自分を「大丈夫」だと思えたら、不安さえ受け入れて生きていくことができます。

もしかしたら、子どもたちの方がそれをよく分かっているかも知れません。子どもたちを初めての公園に連れていくと、あちこち走り回ったり、土をいじったり、元気いっぱいに動き回ります。でも不思議とお母さんの目が届かないところへは行きません。たまにお母さんの方を振り返ったり、駆け寄ってきたりします。何でもないことでお母さんに話しかけて、ちょっかいを出して、構ってもらって。お母さんが近くにいてくれることを確認して、また心置きなく遊んでくるのです。次第にその公園にも慣れて、一人で遊びに行けるようになります。そうやって、自分にとって大丈夫だと思えるところ（安心安全な居場所）が増えていくのです。

胎内体感もマインドフルネスと同じように、心ここにあらずの状態から抜けだし、心を「今、この瞬間」に向けるためのものです。私たちは、今この瞬間を生きているようで、実は過去や未来のことを考えて「心ここにあらず」の状態が多くの時間を占めています。とりわけ過去の失敗や未来への不安といったネガティブなことほど、占める時間が長くなりがちです。つまり、自ら不安やストレスを増幅させてしまっているのです。大学や研究機関のデータでも過去や未来を思い煩うネガティブな思考が 80% を占めると言われています。

胎内体感を経験された精神科医、古宇田敦子先生から日本看取り士会にいただいた推薦文をご紹介いたします。

　　　私は精神科専門医で、普段は産業医として、労働者のメンタルヘルスに関わる仕事をしています。
　　　私は 2 泊 3 日の「胎内体感」を体験させていただきました。「胎内体感」は柴田久美子先生が、「内観療法」をもとに創り上げた独自の手法です。その独特のスタイルのため敷居が高く感じられることがあります

が、いろいろとアレンジを工夫されている治療家もおられます。

　柴田久美子先生の「胎内体感」は、内観を深めるために必要とされるリラックス状態、安心安全の感覚に効果的に導く手法に仕上げられています。「内観療法」や「胎内体感」に独特の、壁とパーテーションで仕切られた半畳の空間にこもるということは、傍目には息苦しさや怖さを想像するかもしれません。しかし実際に体験してみるとその真逆で、守られているという不思議な安心感があります。ここでは、しなければならないことや、人にどう思われるかなどといった、普段頭を占めがちなことを考える必要がありません。安心安全の空間で、余計なことに心を奪われずに、与えられたテーマについてひたすら思いを巡らせていくと、まさに「目から鱗が落ちる」ように、これまでこびりついていた負の信念、なぜかそう思い込んでしまっていたこと、などが、「そうではなかった」、「そういうことだった」と、圧倒的な感動とともに想像もしなかったような気づきが起き、感謝しなさいなどと言われるまでもなく、自然に深い感謝が溢れてきます。誰にも何も強制されるのではなしに、自ら湧き出るように意識変革が起こります。

## ≪看取りの場面に求められる死生観≫

### 【死生観の原点】

　私の死生観の原点には、父の死があります。

　小学校６年生の春の日、胃がんで余命３ヶ月と言われていた最愛の父が旅立ちました。その日、自宅の父の部屋の障子は光に包まれていました。父は、たくさんの人々に囲まれて、一人ひとりに「ありがとう」を伝えます。最後に末娘の私の手を握り締め、「ありがとう。くんちゃん」と微笑みました。やがてその手は冷たくなり、硬くなりましたが、長い間、私は父の手を握っていました。母は私の指をゆっくりと１本ずつ父の指から離しました。母は私を抱きしめて、「もうよいでしょう」と言いました。私は母の腕を振りほどき、父の布団の上に腹ばいになって泣き続けました。泣き疲れたころ、母は私を抱いて隣の部屋に連れて行き、こう言いました。「ここで思う限りに泣きなさい」。その日からまる２日間、私は泣き続けました。

　人の死は、大きな感動を与えるものであり、とても尊いものだと、父は自

らの死をもって教えてくれました。そして最期に手渡してくれた「ありがとう」の言葉は、その後の私の人生を支えてくれました。

　父のおかげで、私は死が怖いものという思いになったことは一度もありません。今、私は毎夜「ありがとう日記」を書いています。1日の終わりにありがとうの言葉を縁ある人に捧げるためのものです。自分自身の中の感謝の気持ちの根っこに水をやるために毎晩書き続けています。それはそのまま私の遺書になると思っています。たとえ明日、目覚めることがなくとも、私の「ありがとう日記」を見れば、感謝の思いを読み取ってもらえるからです。

## 【命のバトンを受け渡す時が最期の看取りの場面】

　人間は、両親から3つのものをもらって生まれてきます。「身体」「良い心」「魂」です。「身体」は死という変化でなくなりますが、「良い心」と「魂」は子や孫に受け継がれていきます。

　日々、私たちは喜びや愛の積み重ねの暮らしの中で自分の魂に生きる力（エネルギー）を蓄えています。その魂に積み重ねた生きる力（魂のエネルギー）は、看取りの時、愛する人々に受け渡されます。抱いて身体に触れて送った時に受け継がれていくのです。人は、その生きる力（魂のエネルギー）を受け渡すために生まれてきたとさえ言えるのですから。

　かの瀬戸内寂聴さんはかつてラジオ番組で「人が死ぬとその瞬間何かがエネルギーに変わり、その熱量は、25メートルプールの529杯分の水を瞬時に沸騰させる」と話されました。

　看取りの場面において、利用者様がその命のバトンをご家族や愛する人に手渡せるよう努めるのが私達の役割です。命のバトンを受け取る主体は、利用者様と最も縁の深い方たちであるべきだと考えます。それは、利用者様が自分の人生を肯定して終えるためにも、とても大事なことです。

　私が看取った人の中に、99歳の伸子さん（仮名）という方がいました。死が間近に迫った時、伸子さんは「家で死にたい」と希望しました。しかし、息子さん（74歳）は「自分は母を恨んでいるので家には帰さないでほしい」と言いました。

　死の20日前のことです。私は、「では、私が看取りますから、私に一部屋を貸してください」とお願いして、伸子さんの自宅に一緒に帰りました。息子さんは最初、離れで眠っていましたが、やがてお母さんの隣に寝るよう

になり、ついにおむつを替えるまでになりました。最期は「産んでくれてありがとう」と言って、きちんと看取りをされました。

　いつの間にか息子さんの心が変わったのです。私は「看取りの場面は、言葉を超えた魂の交流」と呼んでいますが、言葉を超えたところにこそ、人間の温もりがあり、愛があると思います。

　家族でも、時には言い争ったり、ケンカもします。しかし、最後に旅立つ時には、その言葉を超えた温もりによって関係性が変わるのです。人は、旅立つ時には完全な弱者になります。弱者になって言葉も身体も使えなくなると、霊性が磨かれるようです。弱者の中の弱者は、愛が深いのです。その愛が周りを変えます。親子関係が短い間に驚くほど改善されます。きっと産まれたての赤ん坊が誰にも愛されるのと同じではないかと思います。

　伸子さんの息子さんはこう言いました。

　「母を看取り、その時、生まれて初めて、産んでくれてありがとうと母に言えました。柴田さんの言うように、看取りは第二の誕生なのですね。母を看取ってよかった」

　息子さんは、母を看取り、母の良い心と魂を自らの良い心と魂に重ねたのです。命のバトンを渡せる―。看取りとは、慈しみと愛しみの心なのです。

## 《現場で行うグリーフケア》

　私たち看取り士の仕事は3つです。

1. 相談業務
2. 看取り時の呼吸合わせ
3. 看取りの作法を御家族に

　コロナ禍以降、旅立ち後の看取りの作法をご家族に伝えるご依頼がとても増えました。「息を引き取りました」とのご家族からのご連絡を受けて、ご契約を頂いていたご家族の元に駆けつけるのです。

　31年間、看取りを通して学ばせていただき、臨終で命が終わるものではないと体験しました。冷たくなるまで何時間も抱きしめることによって家族が旅立つ方の命そのものをバトンしてくださると確信しました。これを実証してくださる文章に出会いました。

　川田薫先生が、著書『いのちのエネルギー：そのしくみから、生きる意味

を考える』の中で次のように書かれています（川田 2020, 54 56）。

　◆生命エネルギーを重さで証明する
　ラットを使って毎日実験をしている研究所を訪ねて、五週齢のラットを五匹借りてきました。五週齢というのは生まれてから五週間が経ったラットですね。
　その五匹を一匹ずつ持ってきて、致死量の麻酔を打ち、特別な密封容器に入れて、超精密天秤の上に乗せました。すると最初のラットでは、まず呼吸が止まり、心停止しました。これは観察していたらすぐにわかりました。
　心停止と呼吸停止というのは、人間的な感覚では完全な死ですよね。ところがその後、重さを量る天秤の目盛がものすごく激しく動いて、しばらくの間は体重が減らなかったんです。
　そのときの私の予想は、「個体に宿った命のエネルギーがあるとするなら、死んでこのエネルギーが外れれば、その分の重さがポンと軽くなるはずだ。体重を量って目盛がストンと落ちたら、それと生きているときの差が、命のエネルギーの重さだろう」というものでした。そう思って実験したのに、心停止と呼吸停止という、現代の科学では完全に死といわれる状態でも、目盛はストンと落ちないで、激しく動いていたわけです。
　それから30分から40分ほど経って、やっとスーッと重量が落ちていきました。つまり、エネルギーが外れるのは、われわれの感覚でいう死の状態から、ものすごく時間が経ってからだったんですね。私は「ああ、これが死なのか」と思いました。
　次のラットも同じでした。心臓の動きが停止し、呼吸停止した後、天秤の重さが揺れています。そしてその後で、最初のラットよりも早かったけれど、やはり同じように体重が落ちていきました。少し経ってスーッと重さが減ったわけです。
　さらに実験を続けました。すると一匹目は振動せず、一度スーッと重さが減りました。ところが、それからまた元の重さに戻っていったんです。「あれ？　これはどうしたんだろう？」と思って観察していたら、戻った体重がまたスーッと落ちました。つまりサインカーブを描いたわ

けです。

　二匹目も同じように、一度スーッと体重が減って、それからまた元の体重に戻り、少ししてまた減りました。グラフで見たらやはりサインカーブですね。あと一匹は前回の実験と同じような減り方をしました。それでこの実験から、「これは間違いない。命のエネルギーが量れたんだ！」と確信したわけです。

　その後、学会で一回目の実験データを見せたら、そこにいた方々が「超精密天秤の揺れだろう」と言うので、サインカーブのほうを見せました。これは決定的でしたね。どう考えても揺れではありません。これがラットの死だったんですね。

## 【看取り士日記〜魔法使いになって】

看取りの現場から次のようなケースがありました。

太陽の光がまばゆい程に呼びかけ、山々が美しく色づき始める。

そんな中に、一本の電話が入る。

　「私は死にたくない。子供達の為に。お願いです。助けてください」

まるで何かに怯えるかのような声だった。癌末期、腹水がたまり、歩けないほどの恵子さん (38歳)。

旅立ちの前々日には、集まった子供たちひとりひとりをベッドサイドに呼び「お母さんは、魔法使いになっていつでもあなたたちのそばにいるから大丈夫！あなたたちは、大丈夫！」と伝える。

そして旅立ちの前日、彼女は、「眩しいほどの光に包まれています。眩しすぎてカーテンを閉めたほどです。それでも光に包まれています。今は亡きお父さんの姿がはっきりと見えます」と言う。

そして翌朝、ベッド柵を外し、彼女を抱き起こしご主人にベッドへ座って頂き膝枕をして頂く。お母様とお姉さまもベッドサイドへ。

すると、ピンと張り詰めた空気から一転。3人ともうわぁーと泣きだし「よく頑張ったねぇ」などとお声かけしながら涙を流される。

ご主人は、奥様の頬を撫でながら「ずっと一緒にいようなぁ」と。

背中に触れ、温もりを感じ頷くお兄ちゃんたち。

　「お母さん、ありがとう」

そう言って伝えたとき、恵子さんの表情はさらに穏やかなものになった。

　この間、3時間ほどご主人はずっと膝枕をしたままだった。

　そして告別式、5人の子供のうち4人の男の子は「お母さんありがとう」と口々に言う。最後に、小学校1年の女の子が「お母さん、大好き！」と呼びかける。告別式にお越しの皆さんの涙があふれだす瞬間だった。

　空気は晴れやかに澄み渡り、まるでお母さんがそこにいるかのようにあたたかい時間だった。きっと魔法使いになって彼女がそこにいたのだろう。

## 【映画『みとりし』】

　この活動を映画『みとりし』として2019年秋に公開をいたしました。この映画を通じて、多くの人に看取り士の存在や自宅死の現状を知って頂くことが出来ました。私の25年間の夢は、多くの方々の善意に支えられて、映画『みとりし』という形をとったのです。

　数々の山を越えて、映画『みとりし』は完成しました。全国の映画館（30数館）で公開され、DVDも制作されました。2019年3月12日には国会での試写会も開催されました。

　コロナ禍により臨地実習に行く事ができなかった看護学生の皆様に自宅死を学ぶ為の教材としてお使い頂きました。看護学校10校の皆様、1000人以上の方々の感想をいただきました。その後も毎年感想文コンクールを行い、毎年1000人以上の皆様にご覧いただいています。

　2023年、北海道文教大学副学長、高岡哲子教授らによる論文が発表されました（Takaoka et al. 2023）。その概要は以下のとおりです。

目的：本研究の目的は、我が国の看護学教育における老年看護学実習の学習教材として使用した映画「みとりし」を鑑賞した看護学生の学びの内容を明らかにし、学習教材としての活用可能性を検証することである。

　映画「みとりし」は、肯定的な死生観（死は命のバトンを渡すこと）の下、最期をプロデュースしたエピソードが数編紹介されており、人々の死の経緯や瞬間の迎え方、さらに本人と家族の支え方、その支える側の心情が詳しく映像化されている。この教材による看護学生の学びはどのようなものであるのか、看取りのイメージや心構えの修得につながっているのか、学びのレポートの分析から明らかにする必要があると考えた。

結果：研究への同意が得られた82名を分析対象。82名は全員、大学教育に

おける看護学科4年生。得られたレポートは、内容分析の手法で、データ整理を行った。この結果、得られた素材は690件であった。この素材を「映画『みとりし』を鑑賞して得られた学びは何か？」に照らして抽出された658件をデータとして扱った。分析の結果、得られたカテゴリーは【最期の時に向かう際の特徴（9）】【死生観の重要性（3）】【終末期看護の重要性（3）】【最期を迎えるための支援（13）】【看取り士理解（9）】の5つであった。

考察：5つのカテゴリーが抽出されたことから、映画「みとりし」鑑賞は、「看取りのイメージがつく」ことと「看取りの心構え」が身につくことと同時に「看取り時の看護師の役割」を学ぶことができていたと考える。よって、映画「みとりし」を教材として使用することは高齢者の終末期看護を学習するうえで有効であることが示唆された。

　2030年の日本は31.8%の高齢化率に達します。また、昨年の死者数は約157万人、日本の歴史史上で体験したことのない多死社会に突入しました。この死者数は20年間続くと言われています。

　厚生労働省の発表（2009）によると、2030年47万人の死に場所難民が出ると言われています。この問題解決に向けて、映画『みとりし』が微力ながら貢献できることを期待しています。

## 《家族ケア》

　2023年に開催した第10回日本の看取りを考える全国フォーラムで柏木哲夫先生は家族ケアの3大要素として、1）予期悲観のケア、2）死の受容への援助、3）死別後の悲嘆のケアをあげられました。

　特に遺族ケアとして、3に掲げた死別後の悲嘆のケアが今後の課題であると言われました。

　日本看取り士会では、遺族に対し、旅立ち後の看取りの作法として、初七日訪問、四十九日訪問を行い、死別後の遺族ケアを行っています。かつて初七日訪問から6回以上に渡り訪問を行ったご家庭もあります。

　ここで日本看取り士会が行っている遺族ケアを看取りの作法より抜粋しご紹介いたします。

## 【殯（もがり）の期間】

　日本では初七日、四十九日という、旅立った後の大切な作法があります。日本看取り士会ではこの期間を殯の期間と呼んでいます。

　初七日とは、一般的には亡くなった日から数えて７日目に営む法要のことをさします。

　私が島で暮らしていた当時、抱きしめて看取った一人の幸齢者様（幸いを届けて下さる方という意味を込めて「高齢者様」をこうお呼びしています）が７日間お通夜を行い、ご自宅にいらっしゃいました。都会から来た私には、とても驚きの光景でした。その御家族は私にこう教えてくださいました。

　「柴田さん、昔から 殯（もがり）の期間というものがある。人は７日間、魂がその肉体に蘇るかもしれないと言われている。だから大事なお母さんを生きている時と同じように、ここに置いているんだよ」とおっしゃいました。

　そして７日間、生前と同じようにお母様に声をかけ、お食事やお茶をご一緒なさいました。

　その時、初七日の正しい意味を教えていただきました。７日間、共に暮らすことによって、その方の命そのものを家族は受け取るのです。

　ゆっくりと時間をかけて寄り添うこと、それは看取りの時だけではなく、看取った後も等しく同じなのだと感じます。せめて四十九日まで、私たちがゆっくりと旅立った方々に寄り添う事で、その方の魂のエネルギーを重ねて生きることになるのです。

　「喪に服す」という言葉があります。近親者が亡くなった場合に、一定期間死を悼み、身を慎むことと言われています。

　なぜそれが古くから伝えられているのでしょう？　それは現実の暮らしより旅立った方々に心を寄せることが大切だからです。古くから、私たちはそう教えられているのです。

　「直会」という言葉をご存知でしょうか？　私は14年暮らした島の暮らしの中で、この言葉を教えていただきました。家族、親族がたくさん集まり故人の話をします。直会とは、忌みの状態から平常に直るための宴会です。神前に捧げた神酒、お供え物でいたします。こうしてご縁のつながりの中で

旅立った人々を忍び、語ることで日本人は古くから命の受け取り方を知っていたのでしょう。

　日本人は、古くからつながった命という事を重視してきたのです。仏教、神道以前の日本の文化に育まれた精神性だと思います。今こそ、私たちはそれを取り戻すべきなのです。

## 【四十九日の奇跡「再会」】

　施設での臨終の立ち会いから自宅でのお別れ。葬儀社の紹介と四十九日の訪問のご依頼をいただく。2週間後と四十九日法要の後に伺うことになった。

　1回目の訪問日。この日に合わせて再会した姉妹は、ようやく話せる状態になったと安堵の表情を浮かべた。看取りの場面をゆっくりと回想しながら、ひとつひとつ丁寧に話される。

　2年前に遡り、看取りを受け入れるまでに起こった数々の奇跡。すべてお母様がプロデュースしていたことに気づき、ご家族はあらためてその偉大さを知ることになった。

　「どんな状況になっても母のことを信頼しきって委ねている看取り士の存在が大きかった」「あの場所だけ次元が変わっていたのかもしれない。そう思うと全て納得ができます」と。

　姉妹がお互いの思いを共有することで"本当にこれでよかった"と安心感を得る場面でもあった。
「不思議と何の後悔もなくすっきりしています」
「疲れているのになぜか体調が良いです」

　2回目の訪問、開花のはじまりを告げる沈丁花の香りに心躍らせる。

　四十九日法要が終わり、徐々に日常に戻ってきたと話される。それは納骨の時の話だった。数年前旅立ったお父様の遺骨を目にした姉妹は、お父様がお迎えに来てくれたと感じたという。一致したおふたりの思いだった。
「お父さんに会えた。お母さんもお父さんに会えた」

　この時からお母様だけでなく、お父様にも思いを馳せる。
「日常近くにいるような感覚で何も怖くない。むしろ自然なことだと思えます」

　微笑みの中で、お仏壇にはおふたりの戒名が並んでいた。

　いのちの誕生を両親が祝福してくれたように、看取りは命を繋いでくれた両親への恩返し。旅立ちから四十九日は、あの世とこの世の魂の交流ができる期間という。魂の繋がり、家族の絆は永遠であることを教えてくださった魂の存在に感謝、合掌。

　次に臨終後の看取り士の対応として、次のようなケースをご紹介いたします。

## 【12歳　制服を着て】

　春が近づいてきた３月１日。知人の葬儀社からの相談。内容は「亡くなったお子さん（12歳）に制服を着せて欲しい」とのこと。

　亡くなって３日目。病院搬送後に受けた検査で《コロナ陽性》と判明したため、納体袋に入っている状態。亡くなる直前まで元気だった我が子が棺に納まり顔が見られない状態にご両親の心情を思うと早く何とかしてあげたいという思いに駆り立てられた。納体袋を開封。この日は、お顔を見て頂くところまで行い、２日後に中学校の制服が届くことになっているとのお話をお母様がして下さったので、その日に身支度を整えましょうと声を掛けた。

　３日の午前中に訪問。納体袋に入れられた12歳のお子さんは何も身に着けていない状態。その姿をご両親には見せられないと葬儀担当者に伝え、ある程度まで私が着せることをさせて頂き、以降をご両親・ご家族にバトンタッチして身支度をお願いした。

　事前に通夜の前、通常であれば納棺する時間だがご両親・ご親族にきちんとお別れをして頂く時間にしたいと葬儀担当者に相談、快く承諾してもらい「棺から出して布団に寝かせて抱いて看取りの作法をしてもらいたい」と言うと布団を準備して下さった。

　通夜当日、セレモニーホールの和室で棺から出され布団に横たわるお顔は納体袋に入っていた時とは比べものにならない程に穏やかで子どもらしい表情に変わっていた。

　告別式の日、出棺前のお別れの時間も私に任された。棺を開け最後のお別れをしてもらう時間。「これがお別れをする最後の時間です。触れて声を掛けてあげてください」と伝える。

　火葬。炉の扉が開いた途端、お母様が「やっぱりだめ。やだやだ」と言いながら棺につかまり半狂乱になられ、車いすでの対応。しばらく泣き叫び

「大丈夫。身体は無くなってしまっても魂はママと一緒にいるよ。ずっと一緒だよ。大丈夫。大丈夫」と声をかけ続け、暫くすると落ち着き見送ることが出来た。

　「この人がいれば服を着て旅立てる、ママのことも助けてくれる」と今回は、12歳のお子様自身が私を呼んでくれた。このご縁に感謝、合掌。

　また日本看取り士会では看取り士派遣のほかに、残されたご家族が思い出と共に一層人生を深めるための臨終後のケアサポートとして、「カフェ看取りーと」と言うデスカフェを全国各地で看取り士の手により開催しています。

　「カフェ看取りーと」は、ざっくばらんに看取りについて、死について話すお茶会です。ご遺族が誰かに話すことによって心の重荷を手放すことができます。「今まで誰にも言えなかった」という方が多くいらっしゃいます。人の死に「良い死」「悪い死」はありません。命の重みは平等です。それまで懸命に生きた事に感謝するのが大切です。どんな形であれ、それを全うして旅立っていくのです。

## 【看取り士の派遣を行う株式会社日本看取り士会を2020年設立】
株式会社看取り士会の経営指針を次のように定めています。

### 「看取り」ビジネスの哲学
　多死社会を迎えつつある日本では、社会とのつながりを失ってからもなかなか死ねない状況が常態化していることから、1人1人の死の意味づけが希薄なものになりつつある。

　現下の状況を改善するためには、逝く人と家族がともに「望ましい最期」だったと実感できる看取りの作法を広めていくことが不可欠であるが、長い老後という現実を踏まえ、「望ましい最期」を迎えるまでの日々を精神的な充足した形で暮らすことができる環境を整備することも重要である。さらに「望ましい最期」を遂げた喜びを周囲の人々と分かち合える場を設定し、逝く人の足跡が社会に刻まれるようにすることが、多死社会における大切な行事となろう。

　このように「望ましい最期」という観点から「弔い」のあり方を抜本的に見直すことで、多死社会における死のイメージをポジティブに変え

ていくことが「看取り」ビジネスの基本哲学である

## 【日本の QOD は現在世界第 14 位】

『エコノミスト』誌によると、2015 年の日本の Quality of Death は 14 位
だそうです（The Economist Intelligent Unit 2015）。私は看取り士の活動
が必ずや日本の死の質を高めていくと信じております。

　全ての人が最期愛されていると感じて旅立てる社会を創ることを目指して
活動を続けております。

　全ての尊い命 やさしく、やさしく、やさしくと唱えながら。

## 参考文献

川田薫　2000：『いのちのエネルギー：そのしくみから、生きる意味を考える』きれ
　　い・ねっと。
厚生労働省　2009：「中央社会保険医療協議会診療報酬調査専門組織　慢性期入院医
　　療の包括評価調査分科会」武久洋三、https://www.mhlw.go.jp/shingi/2009/06/dl/
　　s0611-2b.pdf
齋藤孝　2003：『呼吸入門』角川書店。
Byrd, R. C. 1988: "Positive Therapeutic Effects of Intercessory Prayer in a Coronary
　　Care Unit Population," in *Southern Medical Journal*, 81(1), 826-829.
The Economist Intelligent Unit 2015: "The 2015 Quality of Death Index: Ranking
　　Palliative Care across the World," https://www.lienfoundation.org/sites/default/
　　files/2015%20Quality%20of%20Death%20Report.pdf
Takaoka, T. et al. 2023: "Learning from the Film "Mitorishi (Transition Doula)"—
　　Application to Understanding the End-of-Life in a Gerontological Nursing
　　Practice Course in Japan," in *Open Journal of Nursing*, 13(5), 233-248.https://
　　www.scirp.org/journal/paperinformation.aspx?paperid=124870

〈論文〉

# 非宗教者によるスピリチュアルケア

山本　佳世子

## 1. はじめに：問題の所在

　近代ホスピスの母として知られるシシリー・ソンダースは、終末期ケアにおいて、疼痛緩和のための近代医学を積極的に取り入れると同時に、身体的・心理精神的・社会的・スピリチュアルなケアを含む全人的ケアおよびチームケアの重要性を唱え、1967 年にセント・クリストファー・ホスピスを立ち上げた。以降、英米を中心に近代ホスピス運動が展開されていき、その理念は緩和ケアに受け継がれ、WHO によって定式化された。WHO は緩和ケアを以下のように定義している。

　　緩和ケアとは、生命を脅かす病に関連する問題に直面している患者とその家族の QOL を、痛みやその他の身体的・心理社会的・スピリチュアルな問題を早期に見出し的確に評価を行い対応することで、苦痛を予防し和らげることを通して向上させるアプローチである。[1]

　こうして終末期ケアにおける全人的ケアとして、医療現場においてスピリチュアルケアが言及されるようになった。チームケアの一員としてスピリチュアルケアを専門的に担う職種としては、チャプレン等の宗教者が挙げられる。チャプレンとは教会に通えない者に礼拝の機会を保障し、宗教共同体とのつながりを確信させる役割を担う聖職者であり、病院の他に、軍隊、刑務所、学校等にも配置されている。その中でも米国において病院チャプレンは、牧師アントン・ボイスンによって 1925 年に創始された臨床牧会教育（Clinical Pastoral Education, CPE）という養成プログラムが整備され、布教活動は行わずに患者の苦悩に耳を傾ける専門職として広く認知され、全米各地の病院等で活動するに至っている。

日本においても 1981 年に聖隷三方原病院、1984 年に淀川キリスト教病院にホスピス病棟が開設されて以降、各地でホスピス運動が展開され、ホスピス病棟が設立されていった。1990 年に緩和ケア病棟（Palliative Care Unit, PCU）入院料が診療報酬制度に位置付けられ、医療制度の中に定着したと言える。そうしたホスピス運動の展開に伴い、スピリチュアルケアの議論と実践も少しずつではあるが蓄積されるようになっていった。2007 年には日本スピリチュアルケア学会が設立され、2012 年に「スピリチュアルケア師」の資格認定が始まっている。

　とはいえ、欧米においてスピリチュアルケアの担い手としてのチャプレンの存在が広く一般にも認知されているのに対し、日本においてスピリチュアルケアという語が一般に広く認知されているかといえば、必ずしもそうではない。日本で「スピリチュアル」と聞くと、医療における全人的ケアとしてのスピリチュアルケアではなく、占いや霊的なもの、オカルトなどをイメージする人が多いのではないだろうか[2]。そうした中で、日本の宗教文化、日本人の死生観に合わせたスピリチュアルケアのあり方が模索されている。その中の一つとして、田宮仁の唱える仏教ホスピスとしてのビハーラがある（田宮 2007）。1993 年には長岡西病院にビハーラ病棟が開設され、ビハーラ僧が配置されている。ただし、このビハーラもそれぞれの病院では定着しているものの、広く普及しているとは言い難い状況である[3]。そして近年注目を集めるのが東日本大震災以降、布教伝道は行わずに病院等の公共空間で「こころのケア」を行う宗教者である「臨床宗教師」である。「臨床宗教師」とはチャプレンに対応する日本語として宮城県の在宅緩和ケア医であった故・岡部健が命名したものであり、2011 年に東北大学で養成が始まった。以来、全国で養成プログラムが運営され、2018 年より日本臨床宗教師会によって「認定臨床宗教師」の資格認定が行われている[4]。そしてもう一つ、日本独自のスピリチュアルケアの展開として挙げられるのが、特定の信仰を持たないスピリチュアルケア提供者である[5]。彼らはスピリチュアルケアの養成プログラムを受講して日本スピリチュアルケア学会認定の「スピリチュアルケア師」を取得するなどし、病院や福祉施設等で主にボランティア等で活動している。

　本稿では、日本におけるスピリチュアルケアのあり方の一つとして、「非宗教者によるスピリチュアルケア」に注目する。欧米で始まったスピリチュ

アルケアは、宗教者がその担い手の中心である。ビハーラ僧も臨床宗教師も
その流れに沿ったものである。では、非宗教者によるスピリチュアルケアと
はどのようなものなのか。スピリチュアルケアと宗教、非宗教の関係につい
て検討する。

## 2. 日本人の宗教文化とスピリチュアルケア

　現代日本人の多くは、特定の信仰を持たず、いわゆる「無宗教」を標榜し
ていることが多い。ただし、それは神仏の存在を積極的に否定するような
無神論とは異なるものである。NHK 放送文化研究所が 16 歳以上を対象に
5 年に 1 回実施している「日本人の意識」調査によると、1973 年から 2018
年までの調査で、「信じるもの」として「神」を挙げるものが回答者の 38
〜 42%、「仏」が 31 〜 39%、「聖書や経典などの教え」が 6 〜 10%、「お
守り・おふだの力」が 14 〜 17% となっており、どれも「信じていない」
と答えたものは 23 〜 32% となっている。さらに宗教的行動として「おこ
なっているもの」については、「布教・礼拝」が回答者の 10 〜 17%、「お祈
り」が 11 〜 17%、「お守り・おふだ」が 30 〜 36%、「祈願」が 23 〜 32%
であり、「お墓参り」に至っては 62 〜 72% が「おこなっている」と回答し
ており、いずれも「していない」は 9 〜 15% にとどまっている（NHK 放
送文化研究所 2020）。多くの人が「無宗教」だが何らかの信心を持ち、日
常的に宗教的行動をとっていることがわかる。
　同様に統計数理研究所が 1953 年以来 5 年ごとに実施している「日本人の
国民性調査」でも、この間「宗教を信じるか」という問いに「信じている」
の回答が 25 〜 35%、「信じていない」の回答が 65 〜 75% であり、「信じ
ていない」と回答した人でも「宗教心は大切か」という問いに 57 〜 80%
が「大切」と答えており、「大切でない」と答えたのは 11 〜 24% である（統
計数理研究所 2021）。最新の調査では宗教を「信じていない」が増え、宗
教心は「大切でない」との回答が増えてはいるが、それでも全体の半数程度
の人が「個人的には無宗教だが、宗教心は大切だ」と答えていることにな
る。
　こうした日本人の「無宗教」化は、幕末から明治期以降、時間をかけて着
実に進んできたものである。桐原（2009）は、18 世紀以降に入ってきた西

洋の合理的思考と儒学に代表される現世主義、近代日本のキリスト教弾圧と明治日本の廃仏毀釈と神道無宗教論といった宗教政策、そして宗教に代わる「国民道徳」が模索されたことにその淵源があると指摘している。また、阿満（1996）は、現代日本人の「無宗教」は「創唱宗教への無関心」であり、熱心かつ深い「自然宗教」を信仰していると指摘する。創唱宗教とは人生のさまざまな矛盾や不条理、疑問を解決しようとするものであり、人生の深淵をのぞき見ることでそうした矛盾や不条理を自覚し、克服しようとする。しかし、近代以降、人々は人生の疑問に向き合うことなく楽観的に、すなわち人生の深淵をのぞき見ることなく生きていきたいと言って、「もはや宗教はいらない」と創唱宗教を手放したのである。それが「無宗教」を標榜するということだと阿満（1996）は指摘する。しかし、それは神仏の積極的否定ではなく、棚上げに過ぎない。

　かくして、日本人は宗教[6]を棚上げするようになって100年以上が過ぎ、その結果として、超越者による死後の救済や宗教がどのようなものかわからなくなってしまった。それはすなわち、人生の深淵をのぞき見る方法を失ってしまったということであろう。確かに、人生の深淵をのぞき見るなんて面倒なことをすることなしに、楽観的に一生を過ごすことができれば、それは願ってもないことかもしれない。しかし、生きていれば、否が応でも人生の深淵をのぞき見ることを求められてしまう場面に出くわす。自身や大切な人の病や死など、人生の危機に直面した際に、「なぜ私がこんな目に遭わなければならないのか」「何かのバチが当たったのだろうか」「こんな状態なら死んだほうがマシだ」「私の人生って何だったんだろう」「死んだらどうなるんだろう」といった実存的な問いを抱えることがある。これらはスピリチュアルペインとも呼ばれるものであるが、こうした人生の不条理への問いを抱えた時、人生の深淵をのぞき見ざるを得なくなる。そうしたときに宗教は人生の深淵をのぞき見る方法を示してくれるものだが、あまりに長きにわたって棚上げしてしまっていたために棚から下ろすことができなくなり、その方法がわからず、途方に暮れ、もがき苦しむこととなったのが、多くの現代日本人の姿と言えるのではないだろうか。

　これらの問いに対し、かつては宗教や哲学、伝統的なしきたり、地縁血縁のコミュニティが一定の枠組みによる「答え」を提示してきた。しかし現代日本においては、「無宗教」化の進展に加え、価値観が多様化かつ複雑化し、

既存の枠組みによる「答え」が必ずしも機能しなくなっている。では、どうしたら良いのか。人生の深淵をのぞき見る以外の方法で問題解決を図ろうとするのが、心理・精神的ケアと言えるだろう。また、人生の深淵をのぞき見る方法を具体的に教えようとするのが宗教的ケアと考えられる。それに対し、実存的問いないしスピリチュアルペインに向き合う「場」を提供するのがスピリチュアルケアである[7]。共苦することで人生の深淵をのぞき見る過程を共にし、それによって、その人なりの「生き方」を見出し、実現していくことをサポートするものである[8]。共通の思想的・文化的枠組みを前提としない、非常に個別的な営みとしてスピリチュアルケアが登場したと言えるだろう。

## 3. 誰がスピリチュアルケアを担うのか

### 3.1. 宗教者か否か

　米国で病院チャプレンになるためには、一定時間数のCPEの受講に加え、大学院修士課程レベルでの神学教育を修了していることと、認められた宗教団体からの推薦が必要となる（推薦が得られるということは、その団体に属する等、何らかの信仰を持っていることが前提されている。ただし聖職者である必要はなく、信徒の立場でチャプレンをしている者もいる)[9]。この点について伊藤（2010）は、人間のスピリチュアルな深みを大切にする[10]ためには宗教を経由するという伝統と、諸宗教それぞれがその深みに迫る真実性を持っていると認め合う文化、さらにはこうした方向性を生み出した学術としての神学の深まりと市民レベルでの宗教をめぐる理性的かつ実存的な議論の蓄積が米国にはあるからだと述べている。

　翻って日本ではどうだろうか。日本では多くの人が「無宗教」を標榜し、宗教を棚上げして人生の深淵をのぞき見ることを手放した状態があまりに当たり前になってしまったがために、「スピリチュアルな深みを大切にするには宗教を経由する」「人生の深淵をのぞき見るために宗教を必要とする」といった市民レベルでの共通認識は欠けていると言わざるを得ない。そのため、「病や死といった人生の危機、特に終末期ケアにおいてスピリチュアルケアが必要だ」というニーズもまた、市民レベルでは十分に認識されているとは言い難い。スピリチュアルケアに関する実践及び学問的議論の蓄積もま

だ途上である。

　そのため日本ではスピリチュアルケア提供者になるための社会的に認知された統一資格はない。キリスト教系病院は日本スピリチュアルケア学会の資格認定や「臨床宗教師」が誕生する前からチャプレンを配置しており、多くは教団から派遣されてその職に就いているため、日本スピリチュアルケア学会認定のスピリチュアルケア師の資格や日本臨床宗教師会認定の臨床宗教師の資格は必要なく、それ故にそれらの資格を取得しているものは少ない。臨床宗教師の資格取得には、宗教者（信徒の相談に応じる立場）としての実務経験と、宗教者証明書の提出が必要であり、何らかの宗教組織に所属する宗教者であることが求められる（ただし、大学院レベルでの神学教育を受けている必要はない）。スピリチュアルケア師の資格を取るためには、学会認定の養成プログラムを修了していることは求められるが、宗教者であることは認定要件には含まれない。日本スピリチュアルケア学会認定のスピリチュアルケア師の養成を行っている団体で、特定の信仰を持っていることや宗教者であることを受講条件として挙げているところはない。

　実際、例えば日本スピリチュアルケア学会の認定教育プログラムである臨床スピリチュアルケア協会（Professional Association for Spiritual Care and Health, PASCH）の専門職養成講座受講者 146 名中、宗教者は 54 名であった[11]。同じく認定教育プログラムである上智大学グリーフケア研究所の人材養成講座受講生への山本（2012）の調査によると、調査対象となった 31 名中「信仰あり」は 12 名であった。いずれも宗教者・信仰者は 3 分の 1 程度であり、残りの 3 分の 2 程度の人たちは特定の信仰を持たない立場でスピリチュアルケア提供者となることを目指していることがわかる。

### 3.2.「人生の深淵をのぞき見る」ことの経験者

　宗教者であることが日本でスピリチュアルケア提供者となる必要条件ではないとしたら、どのような人がスピリチュアルケア提供者になれるのであろうか。スピリチュアルケアの対象者というのは、人生の危機において、先述したようなスピリチュアルペインを抱えている人たちである。彼らは人生の深淵をのぞき見ることを否が応でも求められ、苦しんでいる。スピリチュアルケアとして対象者が人生の深淵をのぞき見る過程を共にするためには、伴走者であるケア提供者が、その方法は様々であり、のぞき見える深淵も様々

であったとしても、そもそも「人生の深淵をのぞき見る」とはどういうことかを知っている必要がある。つまり、自らが人生の深淵をのぞき見ることの経験者であるということだ。だからこそ、スピリチュアルケアは宗教者がこれまで担ってきたといえる。それぞれの宗教において、宗教者となるまでに、あるいはなって以降も、修行等を通じて人生の深淵をのぞき見ることを積み重ねている（はずな）のが宗教者だからである。あるいは、がんサバイバーや大切な人を喪った遺族など、人生の深淵をのぞき見ざるを得ないような「大変な経験」をしてきた当事者もまた、その経験者であろう。そして医療従事者等、個人の志向性や職業的関心によって人生の深淵をのぞき見ることを試みた人たちもまた、その経験者と言えるだろう[12]。

とはいえ、「スピリチュアルな深みを大切にするには宗教を経由する」という共通理解のない日本において、スピリチュアルケア提供者が宗教者である必要は必ずしもないし、「大変な経験」をしている必要もない。確かに「同じ／似たような経験をした私だからこそできるケア」や「同じ／似たような経験をした私だからこそ気持ちがわかる」と言ったことはあるだろう。しかし、同じ／似たような経験をしているからこそ、違いを許容できないこともある。宗教者も、当事者も、ついつい「私と同じ『人生の深淵をのぞき見る』方法を求めてしまう」ことがある。それは「価値観の押し付け」であり、スピリチュアルケアでは特に気をつけなければならないことである[13]。自らの信仰や価値観を手放し、相手の在り様をそのまま受け止め、受け入れ、共にいることが求められる。

日本で行われているCPEに準じたスピリチュアルケアの人材養成[14]では、少人数のグループで自らの生育歴や死生観・価値観を語り合うグループワークと、患者さんの病床を訪ね、患者の語りに耳を傾ける実習とが並行して行われる。これはグループメンバーに伴走してもらいながら自身の人生の深淵をのぞき見る経験をすることであり、また、グループメンバーが人生の深淵をのぞき見る過程に（自らの信仰や価値観を手放した状態で）伴走する経験であり、さらには、患者さんが人生の深淵をのぞき見る過程に同様に伴走する経験をすることである[15]。

### 3.3. 宗教者・無宗教者・非宗教者
教育哲学者のネル・ノディングスは *Educating for Intelligent Belief or*

*Unbelief*（1993）という著書の中で、intelligent believers と unintelligent believers の距離よりも、intelligent believers と intelligent unbelievers の距離のほうが近いと主張した。ここで言う intelligent とは、狭義の合理主義を意味しない。ノディングスはそれを魂や心の問題であるという。知的、心理的だけでなく、感情的、スピリチュアルな次元で自己認識を深めることが intelligent であり、人生において湧き上がってくる問いに向き合うことなしに何かを盲目的に信じることは unintelligent であると述べている。神をはじめとした特定の信仰を通して世界を理解し、自分自身を見つめ、自己認識を深めるのが intelligent believers である。また、宗教を言い面あるいは悪い面など、一面的にしか捉えないことは unintelligent である。

　人生の深淵をのぞき見ることなく生きていくということは、unintelligent believers であり、こうしたありようを「無宗教者／無信仰者」と呼ぶならば、宗教や信仰について理解し、共感し、自己認識を深めようとしていて、しかし敢えて宗教から距離を撮り続けようとする人は intelligent unbelievers であり、「非宗教者／非信仰者」と呼ぶことができるのではないだろうか（山本 2013）。

　米国でスピリチュアルケア提供者に求められるのは、intelligent believers であろう。宗教者および神学教育への信頼があり、intelligent であることは必然的に believer であると考えられているのではないだろうか。日本では、believer であること、あるいは加えて大学院レベルの宗教教育を受けていることが、すなわち intelligent であることを保証するような共通認識があるわけではない。むしろ宗教者への不信感や偏見もあろう。日本においてスピリチュアルケアは、intelligent believers ないし intelligent unbelievers が担い得るのではないだろうか（図 1）。

## 4. スピリチュアルケア提供者にとっての信仰

### 4.1.「問題解決型」ケアと「寄り添い型」ケア

　スピリチュアルケアは「問題解決型」ケアではなく、「寄り添い型」ケアだと言われる。どういうことか。筆者は山本（2015）において、スピリチュアルケアとは何か、そしてスピリチュアルケア提供者に求められるものは何かを説明するにあたって、以下のような例を挙げている。

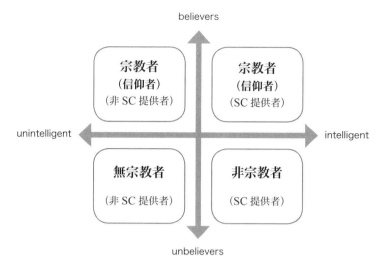

図1　信仰と intelligence の関係（山本 2013 を改変）

　ある人が、冷たい川の中で「寒い寒い」と震えているとする。「問題解決型」のケアをする場合、その人が客観的に状況を理解し、適切な判断ができるように、川岸から「そうだね、水の温度は〇度だよ」と声をかける。濁流が来て一緒に流されてしまったら助けられなくなるので、敢えて川には入らずに、ケア提供者は川岸に留まっている。より効果的に助けるために、川岸から客観的に状況を調べ、その人にも尋ね、分析し、最適な対処法を考える。そして川岸に上がって来られるように道を教え、場合によっては引っ張ってあげる。そして川岸で暖かい毛布を持って、待っている。それに対し「寄り添い型」のケアでは、ケア提供者も水の中に入っていき、横に立ち「そうだね、寒いね」と一緒に震えるのである。とはいえ、まったく同じ場所に立つことはできないので、感じている水の流れや冷たさは微妙に違うであろう。その人の気持ちを完全に理解することなどできないという限界を理解した上で、それでもそれを理解しようと横に立つのである。濁流が来たら一緒に流されてしまうかもしれないので、そうならないように足腰を鍛えなければならない。その人が川岸に上がりたいと思ったら、その道を共に探し、道が見つかれば、川岸に向かうその人の後ろをついていく。ケア提供者自身も冷えてしまうので、川岸に上がったらセルフケアが必要となる。

冷たい川の中で震える中で、最初は「なぜこんな目に遭うのか」とその特定の出来事（病を得ること、自身の死に直面すること、大切な人を喪うこと等）に想いは囚われる。しかし、そういった人生の不条理や疑問に向き合う中で、「いのちとは何か」「生きる意味とは何か」と、その意味を問うていくことになる。これはまさに、人生の深淵をのぞき見るということである。その人なりの意味、「生き方」を見出せた時、川岸に上がっていくことができるようになる。

　ケア提供者が一緒に川の中で震えるために求められるのは、逃げ出さずにそこに居続けること、対象者を信じること――対象者が自分で川岸に上がる道を見つけることができることや、横にいるケア提供者を引きずり倒したりしないと信じること――、そして濁流に耐えられるだけの足腰を鍛えることである。そして、人生の深淵に触れるその瞬間の尊さ、かけがえのなさ、豊かさを信じることであろう。そのために必要なのが、ケア提供者自身を支える「信仰」なのかもしれない。

## 4.2. 臨床現場から逃げないための祈り

　精神科医の土居健郎は、「精神療法と信仰」（1971）の中で、ある患者に「先生から祈ることを教わった」と言われたことから、自身の「隠れた祈り」について考察している。土居はカトリックの信者であったが、臨床において患者のために祈ること、信仰を全面に出すことは決してしなかった。にもかかわらず、患者が「祈ることを教わった」とはどういうことなのか。土居自身による分析によると、土居は精神科医として患者が見せる暗い面を照らし出すことを試みる。しかし患者の孤独は援助者をも孤独にし、患者の絶望は援助者をも絶望的にするという。それでも「そのことからたじろぐまい、顔をそむけまい」と決意して、患者の暗い面を照らし出そうとすることが求められ、患者の暗い面を照らし出すための「光」が存在することを信じるところに、表には出さぬ自身の信仰が現れるという。そして、その「光」によって患者を照らし出そうとするところに「祈り」が働くのであり、その祈りを患者が感じ取ることで、患者に出会うことができるというのだ。土居は、この祈りを「隠れた祈り」と呼び、「このような信仰と祈り無くして、どうして患者の真実に立ち向かうことができようか」と述べている。

　こうした「隠れた祈り」こそ、まさにスピリチュアルケア提供者が、対象

者が冷たい川の中で震えながら人生の深淵をのぞき見ようとすることで自ら
の「生き方」を見出していく過程を共にするにあたって、相手を信じ、逃げ
出さずにそこに居続けるための、自身を支えるための祈りであり、信仰であ
ろう。

### 4.3. 非宗教者を支える「祈り」

　神への「隠れた祈り」が土居の臨床を支えたのだとしたら、非宗教者であ
るスピリチュアルケア提供者は、自らを支えるためにどのような「祈り」を
持っているのだろうか。筆者はこの点について、「信仰に基づかない祈り」
として小説家の大江健三郎の「祈り」と、写真家の藤原新也の「祈り」から
論じてきた（山本 2016）。
　大江は、自身を「信仰を持たない者」として規定しつつ、そんな自身の中
にある祈りとして、混沌とした世界を描きながら、世界は混沌としたまま
に、「作品に秩序を作り出したい」と願う「芸術家の祈り」、私が、あるいは
彼が今ここに存在したということは消し去ることはできないというところに
現れる「存在を認める祈り」、信仰を持たずとも大切な人を失ったときに現
れる故人に対する「追悼の祈り」、世界のあらゆるものに確信を持たない、
すなわち信仰を持たない者として「世界に対して問いかけていく祈り」、そ
して信仰をもつものも持たないものも誰もがもつ祈りとして「私たちの後に
も世界が続くように」と祈る「平和の祈り」の5つの祈りを挙げる（大江
1992）。
　藤原（2003）は、四国遍路という祈りの旅において、「祈りというものは
さまざまな様相を呈しながらも、おおむね自己救済を目指している」と考え
るようになり、「○○のために祈る」という姿から逃れられないことに人の
業の深さを感じ、そこから解放されたいと四国の祈りの旅において祈ること
をやめる。しかし、ある少女が「お大師さんコンニチハってお辞儀をして
み」と母親に言われ、本堂を一心に見つめ、そして手を合わせてちょこんと
お辞儀する姿に「何も願わない。そしてただ無心に手を合わせる」という
「無心の祈り」を発見する。しかし、いざ自身が「無心の祈り」を実践しよ
うとすると難しい。それは祈る対象が偉大なものであるためだと気づき、主
従の逆転した祈りを模索した結果、野辺の地蔵たちにそれを見出す。そして
「救いようもなく荒れ果てようとする人間の世紀の中で、どのような他者の

不安や心の荒廃をも受け止め得る、海のように揺るがぬ自分になりたい」という、何も願わず、問いもせず、ただそのまま受け入れられる自分でありたいという祈りを見出すのである。

　こうした藤原の祈りに通じるものとして、大江の「自動人形の悪夢」という短編小説の中に以下の記述がある。

　　　まことに膨大な数のなんでもない人たちが、信仰を持たず、死後の魂について確たる思いもいだかないで、生きかつ死んでいる。（略）そのような生と死が、無意味なものだとは決して思わない。なんでもない人として生きることに相当年季の入っている、私としては確信がある。（大江 1990, 140）

　これは、大江の「信仰を持たない者の祈り」に対して示される、もう一つの「信仰を持たない者の祈り」と言えよう。あらゆるものに確信を持たないからこそ問い続ける「世界に対して問いかけていく祈り」に対し、確信を持たないからこそ問うのではなく、死後の魂についても神仏とのつながりについても確たるものを持たずにただ生き死んでいくことに、にもかかわらず意味があるのだという表明である。そしてこの確信を支えるのは、「そのようにして世界はこれまでも続いてきたし、これからも続いていく」という死生観ではないだろうか。

　大江も藤原も、世界は混沌とし、荒廃し、ときに意味もなく災厄に襲われ、不安や苦悩に溢れ、それでもその世界を祈りと共にそのまま受け止めようとした。世界はこれまで続いてきたし、これからも続いていくという確信がそうした祈りを生み出しており、この確信を支えていると考えられるのが日本人の持つ「蘇りと循環の無常観」（山折 1996）であろう。そして、これこそが、非宗教者が逃げずに患者に向き合うために自らを支える「祈り」の一つの形ではないだろうか。


## 5. まとめ：非宗教者によるスピリチュアルケア

　最後に、これまでの議論をまとめる形で、非宗教者によるスピリチュアルケアとはどのようなものかを示す。

　まず、スピリチュアルケアとは、実存的問い、ないしスピリチュアルペインに対して答えを提供するのではなく、向き合う「場」を提供するものである。共苦することで対象者が「人生の深淵をのぞき見る」過程を共にし、それによって、その人なりの「生き方」を見出し、実現していくことをサポートする。

　スピリチュアルケア提供者に求められるのは、自身の価値観を押し付けないことであり、そのために自身の信仰や価値観を手放した状態で相手の在り様をそのまま受け止め、受け入れ、共にいることである。ただし、対象者から逃げないため、対象者を信じて受け入れるためには自信を支える「祈り」や信仰が必要である。非宗教者にとって、それは時に神仏といった「おおいなるもの」への祈りではなく、混沌とした世界をそのまま受け入れようとする「何も願わない祈り」であり、それでもこの世は続いていくという無常観に基づいた確信としての祈りであったりするのではないだろうか。

　なお、本稿ではスピリチュアルケア提供者は必ずしも宗教者である必要はないことを論じてきたわけだが、宗教者による「無宗教」者や非信者へのケアには、宗教者だからこそできるケアがあることも最後に指摘しておきたい。詳細は山本他（2022）で論じているが、まず、「祈りによるケア」すなわち患者のために祈ること、患者と共に祈ることがある。これは宗教者だからこそできるケアであり、宗教者がすることで意味が変わるケアである。さらに、「死者へのケア」、すなわち死者を弔うこともまた、宗教者だからこそできるケア、あるいは宗教者がすることで意味が変わるケアである。そして、他宗教の宗教的行為を共にしたり、他宗教の宗教者を呼んだりといった「他宗教への配慮」は非宗教者であるスピリチュアルケア提供者でもできることであるが、非宗教者であるスピリチュアルケア提供者がおろそかにしがちなケアである。

　スピリチュアルペインに苦悩しながらも、宗教を棚上げし、人生の深淵をのぞき見る方法を見失ってしまっている日本人にとって、自ら抱えている苦悩がスピリチュアルペインと呼ばれているものであることも自覚されることは少なく、スピリチュアルケアのニーズが表立って表出されることはほとんどない。そうした日本の状況において、宗教者、非宗教者それぞれが、それぞれの長所を活かし、短所を補いながら、スピリチュアルケアを必要としている人のところに届けられるようになることを願っている。

# 注

1) WHO による緩和ケアの定義（2002 年）の定訳。定訳は大坂他（2018）による。

2) その象徴がスピリチュアル・カウンセラーの江原啓之氏であろう。2000 年代にテレビ・書籍を中心にスピリチュアル・ブームが起こった。

3) 2023 年現在、ビハーラを名乗る緩和ケア病棟としては、長岡西病院ビハーラ病棟の他、あそかビハーラ病院、佼成病院ビハーラ病棟、福岡聖愛病院聖愛ビハーラが挙げられるが、キリスト教系ホスピスと比べると圧倒的にその数は少ない。

4) 臨床宗教師については、谷山（2016）および藤山（2019）に詳しい。

5) 筆者もその一人である。筆者は特定の信仰を持たないが、2007 年に臨床スピリチュアルケア協会（PASCH）の専門職養成プログラムを受講し、以降、大阪府内の総合病院で臨床スピリチュアルケア・ボランティアとして 16 年にわたって活動を続けており、日本スピリチュアルケア学会の指導資格も取得している。

6) 以下、本稿では阿満の言うところの創唱宗教を指して、単に宗教と記載することとする。

7) なお、宗教的ケアとスピリチュアルケアの違いについては谷山（2009）のモデルがわかりやすく、広く受け入れられている。

8) 小西（2022）はこれを「目的価値の発見と実現のサポート」と呼んでいる。

9) 米国でチャプレンの認定を行なっている最大の組織である Association of Professional Chaplains, APC のホームページによる（https://www.apchaplains. org 2023 年 10 月 21 日閲覧）。他に、National Association of Catholic Chaplains や Neshama: Association of Jewish Chaplain 等もチャプレンの認定を行なっている。

10) 伊藤（2010）の述べる「スピリチュアルな深みを大切にする」ということは、本稿で述べる、人生の不条理や疑問に向き合うこと、すなわち「人生の深淵をのぞき見る」ということと類似することを指していると考えて差し支えないだろう。

11) 臨床スピリチュアルケア協会より情報提供。

12) 筆者はこの「個人的志向性」によってスピリチュアルケア提供者を目指した者の一人である。宗教者でもなければ、人生の危機と言えるような病や死に直面するような経験もこれまでなかった。しかし宗教学、倫理学に関心を持ち、そのままスピリチュアルケアにも関心を持ち、研修を受けるに至った者である。

13) 本稿では、スピリチュアルケアの方法については論じないが、スピリチュアルケアの基本は丁寧な傾聴による受容と共感であり、「価値観の押し付け」を避けるべきであるということは、小西（2023）や谷山（2016）をはじめ、多くの論者が指摘している。

14) 日本スピリチュアルケア学会認定の認定教育プログラムの中でも、上智大学グリーフケア研究所や臨床スピリチュアルケア協会（PASCH）は米国の CPE を参考に、それに準じる形でプログラムを構成している。
15) スピリチュアルケアの専門職養成研修の詳細については、窪寺他（2010）に詳しい。

# 参考文献

Noddings, N. 1993: *Educating for Intelligent Belief or Unbelief*. New York: Teachers College Press.

伊藤高章 2010:「臨床スピリチュアルケア専門職養成」窪寺俊之他編『スピリチュアルケアを語る 第 3 集』関西学院大学出版会、41–59。
NHK 放送文化研究所 2020:『現代日本人の意識構造［第 9 版］』NHK ブックス。
大江健三郎 1990:「自動人形の悪夢」『静かな生活』講談社、111–160。
大江健三郎 1992:「信仰を持たない者の祈り」『人生の習慣』岩波書店、3–36。
大坂巌他 2019:「わが国における WHO 緩和ケア定義の定訳—デルファイ法を用いた緩和ケア関連 18 団体による共同作成—」『Palliative Care Research』14(2)、61–66。
桐原健真 2009:「あの世はどこへ行ったか」岡部健他編『どう生き どう死ぬか』弓箭書院、163–183。
窪寺俊之他 2010:『スピリチュアルケアを語る 第三集 臨床的教育法の試み』関西学院大学出版会。
小西達也 2023:『インターフェイス・スピリチュアルケア』春風社。
谷山洋三 2009:「スピリチュアルケアをこう考える—スピリチュアルケアと宗教的ケア」『緩和ケア』19 (1)、28–33。
谷山洋三 2016:『医療社と宗教者のためのスピリチュアルケア：臨床宗教師の視点から』中外医学社。
田宮仁 2007:『「ビハーラ」の提唱と展開』学文社。
土居健郎 1990:「精神療法と信仰」『信仰と「甘え」』春秋社、15–24。
統計数理研究所 2021:「国民性調査」https://www.ism.ac.jp/survey/index_ks14.html（2023 年 10 月 21 日閲覧）
藤山みどり 2020:『臨床宗教師：死の伴走者』高文研。
山本佳世子 2012:「グリーフケア提供者を目指す人たち」高木慶子編『グリーフケア

入門』勁草書房、175–200。

山本佳世子 2014：「日本におけるスピリチュアルケア提供者に求められる資質」『グリーフケア』2, 49–66.

山本佳世子 2015：「スピリチュアルケアとは共に人生の深淵を覗き見ること」臨床パストラル教育研究センター『スピリチュアルケア』第 66 号、5–7。

山本佳世子 2016：「『非宗教者』によるスピリチュアルケアにおける『祈り』」『宗教研究』90 (1)、99–123。

山本佳世子他 2022：「病院における宗教者による非信者への宗教的ケアの諸相」森田敬史他編『宗教者は病院で何ができるのか』勁草書房、233–246。

# Spiritual Care by Nonreligious Care Providers

## by YAMAMOTO Kayoko

Spiritual care, which began in Western countries, is provided mainly by religious persons. In Japan, however, spiritual care providers are not always religious. What kind of spiritual care is provided by nonreligious people? In life crises such as life-threatening illnesses and death, people suffer from spiritual pain and are forced to "look into the abyss of life." But many Japanese who acknowledge themselves as "nonreligious" do not know how to deal with their situation. Spiritual care provides "a place" for patients "to look into the abyss of life" and their care providers accompany the patients' difficult process with empathy. Spiritual care providers are required to not impose their religious faith or values. In addition, they do not need to be a person of faith but should be intelligent enough to be an empathetic companion. However, in order to accept a patient's situation and to remain at their side unconditionally, care providers need to have their own prayer and faith tradition to support themselves. Thus, nonreligious care providers also have the so-called "prayer of the faithless." Religious and nonreligious people can complement each other to provide spiritual care to those who need it.

〈論文〉

# 医療現場におけるチャプレンの宗教性とは

中井　珠惠

## はじめに

　筆者は、チャプレンとして医療現場に従事している。チャプレンとは、病院や学校、福祉施設などで働く宗教者を意味する。医療現場におけるスピリチュアルケアの実践について、宗教者の立場から論じることが、本稿の目的である。

　本稿の手がかりとなったのは、山本佳世子、葛西賢太による論文「布教伝道を第一目的としないチャプレンを支える信仰：キリスト教病院の事例から」（山本他 2022, 27–66）である。山本、葛西は、三人の病院チャプレンにインタビューを行い、次のようにまとめていた。それによると、チャプレンが「相手の大事にしているものを大事にしたい」あるいは「相手の生を支えたい」という自分の内側から湧き上がる思いによって関わるとき、そこに信頼関係が生まれ、その結果として、布教目的ではなく、自然な形で宗教的ケアが行われていた（山本他 2022, 65）。

　筆者は、これまで自分のスピリチュアルケアの実践内容を振り返ることはあっても、三人のチャプレンのように、ケアする自分が何に基づいてそれを行っているのかについて考えてこなかった。したがって、チャプレンとしての自分が、患者、家族に関わるときにどのような信仰に基づいているのかについて振り返りたいと考えた。

　山本らの論文の中で、重要な論点となっていた信仰は、患者や家族の宗教的ニーズに応じるときにチャプレンが「何を大切に考えて判断するか」であった。しかしこれは、現場の環境に大きく左右される。筆者は、公立病院に勤務していた期間が長く、宗教的ケアを求められる機会が多くなかったため、三人のチャプレンたちのような宗教的ケアについての判断が問われる経験は少なかった。むしろインタビューの中で、チャプレンたちが、死を間近

にした非信者の患者に対して「神が神であるならば、そういうふうに救われる人と救われない人がいたらおかしいだろう」(山本他 2022, 52) という思いで関わっていると語っていることが、より身近だった。苦しむ患者を前にして、神はどのように働いておられるのだろうか、身体の苦痛をとることができない自分がそれでもこの人と共にいるのはなぜなのだろうか、と問う。このような苦しみや悲しみを抱える人に関わるときの信仰について考えたい。

## 2. 信仰をどのように考えるのか：
### 救済宗教と自然宗教という視点

　筆者の信仰について考える前に、信仰をどのように考えるのかについて簡単に整理したい。

　チャプレンたちがインタビューの中で語った信仰は、「報われることのないような悲しみや苦しみも神によって報われる」あるいは「死後の救いはある」というキリスト教の思想につながっている (島薗 2023, 17)。宗教学の島薗進は、このような思想を、救いを重視するという意味で「救済宗教」であるとし、その「救い」とは、限りあるいのちを超えた高次のいのちに参与することであると論じている (島薗 2023, 58–59; 68–69)。

　これらの宗教の「救い」は、いずれも仲介者によってもたらされたり説かれたりしている。その仲介者がその宗教の「創唱者」となり、それを信じる人々がいるという意味で、それらの宗教を「創唱宗教」と呼んだのは『日本人はなぜ無宗教なのか』の著者、阿満利麿である (島薗 2023, 54–56)。阿満は「『創唱宗教』は、人生のさまざまな矛盾や不条理を根本的に解決しようとしている」(阿満 1997, 27) と著わす。そして、そのような矛盾や不条理を契機に、おぼろげに見えている人生の深淵をあらためて正面からのぞき込むことをおそれたり、シンドイ作業として感じて好まない人は、無宗教を標榜しているのではないかと論じる (阿満 1997, 28)[1]。

　しかし、非宗教者であっても深淵をのぞき込まざるを得ない人もいる。筆者が普段接している、死に直面した人や大切な人を失った人の中にも、非宗教者で深淵をのぞき込まない人たちがいる。そしてまた、青年期まで非宗教者であった筆者自身も、のぞき込まざるを得なかった。筆者の家は、臨済宗

の檀家で、曾祖母だけがカトリック信者であったと聞いている。家の仏間には、仏壇と神棚があった。筆者は、幼少期から、目の前にいる人や目の前のものがいずれは消滅してしまうというおそれや、その消滅が無差別に起こりうるんだという不条理感と、それを止めることのできない無力感に悩んだ。それは心に開いた空洞が深く広がっていくような感覚、あるいは足元に深い闇が広がるような感覚であった。高校二年生のとき、ホスピス医の柏木哲夫の著書『生と死を支える：ホスピス・ケアの実践』の中で、終末期患者とチャプレン（牧師）が死について語る様子（柏木 1987, 12）を読み、二人の率直な語り合いは、それぞれがそれぞれの深淵をのぞき込むということによってなされたのではないかと考え、チャプレンという働きに関心を持ち、教会に通うようになり、非宗教者ではなくなった。

　これらの筆者の信仰のありようから次章では、特に二つの点について考えたい。一つは筆者の宗教者としての信仰である。筆者は、高校二年生にキリスト者になったものの、インタビューに応じた三人のチャプレンのように「濃厚な宗教的背景のもとに育」った（山本他 2022, 29）とは言い難いキリスト者である。そのため宗教的背景はキリスト教のみという訳ではなく、ごちゃまぜになっている。したがって、筆者がケアに臨むときの信仰はどのような様相を見せるのかという点について論じたい。また、特に死や死別に向き合う人へのケアに臨むとき、どうしても深淵をのぞき込まざるを得ないことが生じる。ケアの中で深淵をのぞき込むとは、どのような営みなのか。それは、救いにつながるのか。救いにつながるとすれば、それは宗教的であると言えるのか。これらについて考える。

## 3.「ごちゃまぜ」の信仰の様相

　ここからは、医療現場における筆者のチャプレンとしての関わりについて振り返る。宗教的背景が一様ではなく「ごちゃまぜ」になっている者の信仰が、非宗教者の悲しみや苦しみに関わるためにどのような様相を見せるのかを明らかにする。

　Aさんは、Bちゃんを生後1年2か月で亡くした。Bちゃんを担当していた医師の依頼で、20XX年Y月から20XX＋3年Y＋7月までの約3年半、

グリーフケア面接を月1回行っていた。その会話を抜粋しながら、死別の悲しみや苦しみを抱えたAさんに関わる中で、筆者が経験した「死後観」「深淵」「死者との関係の再配置」の三つの主題について振り返る。主題それぞれについて振り返るため、会話は必ずしも時系列ではないが、全体の流れとしてはAさんがBちゃんの死に向き合うための過程をあらわす。本稿のためにAさんに発表の許可を得た上で、個人情報に配慮した。

## 3.1. 死後観

初回の面接は、Bちゃんの死後2か月が過ぎた頃であった。AさんはBちゃんの死後の経過を以下のように語った。

Aさん家族は、宗教的な葬儀を行わず、家族ぐるみで付き合いのある家族に来てもらい、Bちゃんを囲んでいつも通りの食事会を行い、翌日Bちゃんを火葬場に連れて行った。その後、Aさんは家を片づけた。Bちゃんの身のまわりのものは見ると辛くなるため、リユースショップへ持って行った。

筆者は、Aさんの話を聴きながら、死後のBちゃんについて、Aさんに問いかける言葉が見つからずにいた。たとえば「亡くなったBちゃんはどう思っているんでしょうね」と問いかけることを難しく感じた。その理由が分かったのは3回目の面接のときであった。

3回目

Aさんは、自宅に訪れた知人が、Bちゃんの写真とお骨に手を合わせてくれたと話し、知人の気持ちに感謝しつつも、お骨に手を合わすということに違和感を感じたと言い、その理由を話した。

以下、〈山かっこ〉は状況をあらわし、（丸かっこ）は筆者の気持ちをあらわす。

A（Aさん）：Bはやっぱり、骨なんだと思う〈きっぱりと〉。
Ch（筆者）：〈うなずく〉（骨……無機質な感じがする）。
A：お空に向かってBと言う時もありますし。
Ch：Bちゃんは、そばにいるというよりもお空にいる感じ（Bちゃんは遠くにいるのかな）？

A：この辺にいるってのもあるかもしれません。

Ch：〈うなずく〉（Bちゃんはどこにいるのだろう）。

A：今は、ここにもうしばらくいるのかな。でもBは、ちゃっかりしていて、どこかに生まれ変わっているかもしれない。私が病気したら看護師さんになって来てくれたりして。

Ch：看護師さん（ってことは、生まれ変わるって理解）？

A：ああ……でもBが「私、この人とどっかで会ったことあったかな？」ってなったら悲しいかも。

とAさんは話した。Aさんは、Bちゃんの居場所を探索するように語った。その様子を聴きながら、ウィリアム・ヴォーデンのグリーフワークの4つの課題（Worden 1992）を思い出し「Aさんの死別の悲しみの道のりをこれからご一緒するのだ」と思った。

　すでに古典になりつつあるが、グリーフカウンセリングのヴォーデンは「大切な人を亡くした悲しみを乗り越えるための4つの課題」として、第一に、大切な人の死の現実を理性的に受けとめ、第二に、自分に起こってくる感情を味わう中で、第三に、少しずつ大切な人がいない現実に適応し、第四に、大切な人との新しい関係を結んでいくという過程を示している。これを踏まえて考えると、Aさんは「骨だと思う」とBちゃんの肉体がない事実を理性的に理解しつつも、そのBちゃんが死後どうしているかをはっきりと心に描くことができるほどには至っていないと感じた。それゆえに「亡くなったBちゃんはどう思っているでしょうね」とBちゃんが亡くなったことを前提に、Bちゃんへの気持ちをAさんに聴くことが難しかったのだろうと理解した。

## 10回目

　Bちゃんが亡くなって2年目を迎える頃のことであった。Aさんは親戚に「一区切りをつけるために、お寺にお参りをしてもらってはどうか」と言われたと話した。Aさん自身もBちゃんのことを考えてしまうのは、区切りがついていないかもしれないと思い、近隣のお寺に相談に行ったとのことであった。そして僧侶に言われたことを次のように話した。

Bは「もうここにはいない。阿弥陀様のところにいる」って言われました。「だからお任せして、生きている人は、自分の生活に専念しなさい」って。それで「Bは阿弥陀様のところで寝ている」って言われたんです。Bは今、何もしていないんだって。生きている間しか意味がないなら、Bはたった1年2か月だけ。それなら何のためにBは、短いいのちを生きて、私たちのところに来て、死んでいったんだろうって。やっぱりその意味を考えてしまいます。

　筆者もキリスト教的な死後観をAさんに伝えてもよかったはずだったが、伝えることは考えていなかった。Aさんから僧侶の話を聴き、その思いをさらに強くした。

　キリスト教的な死後観には、死後には眠り（休息）があり、最後の審判のときによみがえらされて、死から復活したイエス・キリストのとりなしにより、神との交わりの中で永遠に生き続ける（松永 1991, 82）という考え方がある。これが唯一の考え方ではないが、代表的なものである。もう少し平易な言葉であらわすならば「神様が守ってくれるから安心しなさい」となる。阿弥陀様と神様の違いこそあれ、僧侶の助言と大きく変わらない。

　なぜキリスト教的死後観をAさんに伝えなかったのか。振り返ってみるといくつかの理由があった。「阿弥陀様や神様が守ってくれるから安心しなさい」という死後観は、次の一歩を踏み出そうとしている人の背中を押すことはできるだろう。しかしBちゃんの死後の居場所が定まっていないAさんに（キリスト教はそこまで断言しないが）「阿弥陀様にお任せして」と伝えるのは、Bちゃんをそこに預けて行きなさいと、半ば強制的にAさんとBちゃんを引き離すように筆者には感じられた。また「阿弥陀様や神様のもとで眠る」と伝えるのは、この世で長い人生を送った人であれば、長い間みんなのために働いてくれたし、病気で心身の苦痛も味わったでしょうから、ゆっくり休んでくださいという労いとして受けとめられる。しかしBちゃんの人生は、1年2か月である。その後ずっと眠っているというのは「Bは生まれて何も成し遂げていない」と思っていたAさんの無意味感を助長するように感じられたため、伝えることを躊躇したのである。

　そして、筆者が「神様が守ってくださる」とはっきりイメージしきれていないことも、Aさんにキリスト教の死後観を伝えられなかった理由であっ

た。筆者にとって、死後自分を待ってくれているのは、すでに亡くなった親しい人たちだという理解が自然である。そして、死者たちは、完全に自分たちと切り離されているわけではなく、必要なときに情緒的な交流を図る。AさんがBちゃんの死後の居場所を探索することに筆者が伴うことができたのは、このような死後観を持つからであった。

筆者の場合「死んだらどうなるか」という死後観は、幼いときから大きく変化していない。それはキリスト教の教理に触れた後も同じである。あえて変化したと言うならば、その死後観は、ホスピスや緩和ケア病棟で患者や家族が語る死後観によって、より鮮明に具体的に涵養された。

たとえば、ある患者は、ある事故で娘さんを亡くしていた。その患者が亡くなる一週間ほど前に、喘鳴のある中でこのようなことを言った。

> 私ね、昨日の夜、窓から金の蝶々が入ってきたのを見てね。娘だと思いました。事故の後、娘の遺体を確認しに行った時、娘がつけていた指輪の蝶々と同じだった。その時に娘に言ったのよ。「私はもうここには来ないからね。だから私が死ぬときに迎えに来て」って。娘が約束通りに来てくれたんだと思います。

このようにいよいよ死を迎えようとする患者をとおして「これが死後の世界からのお迎えなんだ」と理解するようになった。あくまでも個人的経験からはであるが、死後観は、体験を通して感覚的に涵養されるものではないだろうかと考える。

さて、Aさんに話を戻す。10回目の語りにあるようにAさんは、Bちゃんの1年2か月のいのちの意味について探求するようになった。その探求の中で、Bちゃんの居場所は定まっていったように思う。Bちゃんの居場所については第3節「死者との関係の再配置」でもう一度論じる。

## 3.2. 深淵

ここからは「深淵」についてである。深淵という言葉はキリスト者にとって比較的馴染みのある言葉であるが、はじめて目にする方もいるかもしれない。宗教的、哲学的、心理学的な表現としても用いられるこの言葉を一言で定義することが難しいため、Aさんとの関わりについて振り返りながら少

しずつ論じたい。

## 4回目

　この日の数日前、Aさんは、夫が「少しずつ日常を取り戻したい」と言うのを聞き、夫の考え方との違いを感じるようになったと言い、自分の考えを話した。

> 　Bは、本当に毎日一生懸命に生きていたんです。そもそも生まれたのが奇跡なくらいで。だいたい一人の人の生と死を目撃するなんて、なかなかないでしょ。1年2か月一生懸命生きたんだから、その結果を残したいんです。私、まわりから絶対に「かわいそう」って見られたくない。だから頑張っているんです。

と言った。「結果を残すとはどういうこと?」と聴くと、Bちゃんが1年2か月生きたことを意味あるものにすることだと言い、それもまわりから「かわいそう」と見られないためだと言った。だから何もなかったことにして日常に戻るのは違うと思うとも言った。そう語るAさんは、自分たちがまわりから傷つけられないために頑丈な壁を作り、自分たちを守ろうとしているかのように感じられた。

## 6回目

　ちょうどBちゃんが亡くなって一年目を迎える月だった。この日突然Aさんは「友だちがね。もう何も言わなくなったんですよね」と言った。そして「他の人にとっては、Bのことは、ずいぶん昔のことなんですかね。でも私は今もこうやって思い出してしまうんですよね」と言い、号泣した。Aさんは、まわりの人がBちゃんのことに全く触れないので、Bちゃんの死を忌み嫌っているのではないかとさえ感じると言った。
　そしてその後、Aさんは、定期的に会っていた友人と会うことが減った。Aさんは「自分だけ深い穴に落ち込んでしまったみたい。家族といるときも、他の家族は笑っているのに、自分だけが穴に落ち込んでいる」と言い、手にしていたタオルをぎゅっと握って肩を丸めた。その姿からも、Aさんが、家族からも離れて、深い穴、つまり深い淵の底に、ひとりでいるように感じ

られた。

　このときのＡさんは、4回目と少し違った。「まわりからかわいそうと思われたくない」「まわりと自分を比べてしまう」「何で自分だけが」と言わなかった。深い淵は、Ａさんにとって、まわりから距離を置き、ひとりでいられる場所だったのである。このとき筆者は、Ａさんの深い淵がどれほど深いか、そこでＡさんがどれほど苦しんでいるかは、Ａさん本人でないと分からないのではないかと思った。というのも、筆者も自分の中に深い淵があり、突然自分だけがそこに落ち込むように感じることがあるからである。引き上げてくれようとする手が余計に淵の深さを感じさせることを知っているため、少なくともＡさんをその淵から引き上げることが、ケアの目的だと思わなかった。

　そして「深い穴に落ち込んでいる」と感じていたＡさんに関わる筆者自身も、自分の深淵を経験していた。自分は自分の底にいながら、Ａさんが沈んでいる時間を共にすることができればと思った。

## 15回目

　Ａさんはグリーフケア講座を受講したいと話した。Ａさんから「いつかグリーフケアに携わりたいと思う」と聴いたのは、初回の面接時だった。Ａさんがグリーフについて知ったきっかけは、Ｂちゃんが入院していた時に話を聴いてくれた心理士がいたが、その人には自分の思いが分かってもらえないと感じたからで、それならば同じ経験をした自分が話を聴くほうがいいのではないかと考えたとのことだった。

　そしてこの日、Ａさんは入院中のできごとを詳しく聴かせてくれた。

> Ａ：産んで突然NICUに入ったんです。そこでは痰を引く音がしていて、酸素を測る器械が鳴っていて、まあ大変なところで。そういう世界に入ってしまったのだと思って。毎朝、目が覚めるとこれは現実か、夢か。ああ現実かって思うところから一日が始まるんです。
> Ch：〈うなずく〉（Ａさんの体中からとげが出ているみたい）。
> Ａ：産んだのにＢはいないんです。それで、何てことしたんだって。毎朝ご飯をささって食べてＢのところへ行きます。看護師さんたちはこちらの時間とは関係なく「Ｂちゃんお注射」って来ます。

Ch：〈うなずく〉。

A：こんなことなら、死んでくれたほうがいいんじゃないかって。ひどい人間ですよね。

Ch：〈首を横に振る〉。

A：そのとき絶望で。こんなふうに産んでしまって。これからどれくらい大変な思いをしなくてはいけないんだろうと思うと、それが絶望で。それでどうしたらいいんだろうって思って調べたら、自分の経験していることは、グリーフなんだって。

Ch：それでグリーフを。

　このように振り返るAさんのそばで、Aさんの体中から小さなとげがたくさん張り出しているように感じた。改めてAさんの言葉を読み返すと、そうやってAさんはNICUでひとり闘ってきたのではないかと感じた。Aさんは、Bちゃんの命を救おうと懸命に働く医療者のそばで、自分は「（Bが）死んでくれたほうがいいんじゃないか」と心の内で思っていたと語った。そして、そんな自分がいかに残酷な人間かと責める思いと、それでもBちゃんがいなくなればこの大変な状況から逃げ出せるのにという思いを、言葉にすることが赦されず、ひとり抱えていたのだった。

　しかし、Aさんのそばで、筆者は違った捉え方をしていた。とげとげしいAさんの思いを「誰にも私のことを分かるはずがない」というものに感じ、もう一歩近づいて言葉をかけたいのに近づけない状態だった。その心の状態は、初回の面接のときにはじまっていた。初回の面接で「自分の思いを心理士が分かってくれなかった」と聴き、同じように話を聴く役割の自分と重ねて「自分もAさんからそう思われているのだろう」と思った。そしてその瞬間、筆者は自分の中が冷えていくのを感じた。自分の中にある深い淵があらわれ、その底が果てしなく広がっていった。それは何度となく味わってきた無力感だった。無力感とは、目の前の人の苦しみを本当のところは分かるはずもなく、かける言葉が何も見つからない自分が、ここにいてよいのだろうかという思いだった。このような無力感の深淵が、Aさんに会うたびにあらわれていた。

　15回目のAさんの言葉に戻る。

そのときにね。本当に聴いてもらえたのが、保育園の先生で。「お母さん、そういう気持ちになるよね……Bちゃんが死んだほうがいいって。そうじゃないと、これから辛くて生きていけない」って言われたんです。だから「こんなこと言ったらダメ」と思いながらじゃなくて、思ったことをただ話すことが大事で。そうしないと、まわりの子ども連れの人を見て「あんたも同じようになったらいいんだ」って、そんな嫌な思いになりそうで。

　Aさんから保育園の先生のことを聴いたとき、それに比べて自分は受けとめることができていなかったと情けなく思い、自分の心に冷えるものを感じはじめた。さらにAさんが、子ども連れを見てまわりを責める気持ちになったと聴き、自分もAさんから見たら子どもを亡くした経験をせずに、のほほんと生きている母親だと思い、深い淵がさらに深くなるのを感じた。

　そのときふと、ある言葉が頭に浮かんだ。それは「みんな死んでしまえと思った」だった。それは、以前、突然子どもを亡くした人から聴いた言葉だった。その言葉を思い出した瞬間、Aさんのとげとげしさも、どうしようもない行き場のない思いなのだと思った。そしてさらに、その人が「この呪いのような言葉を発することが赦されたことで、自分は生き延びることができた」と語ってくれたことを思い出した。そして、その言葉によって「Aさんがとげとげしい呪いの言葉を吐き出せるように、そばにいたらそれでいいんだ」と思った。

　さて、この深淵をどのように理解すればよいのか。これは、宗教的なものなのだろうか。そうではないのだろうか。

　旧約聖書の中で、深淵は、たとえば「死の陰の谷」（詩編23編）「地の底の穴」（詩編88編）「低き……塵の中……芥の中」（詩編113編）「陰府」（詩編139編）と表現されており、死の不安や社会的底辺、弱さ、無力感と理解されている。そこで人は「親しい人を私から遠ざけ」（詩編88編）ひとり「叫び求め」る（詩編88編）。しかしそこに「あなたは私と共におられ」（詩編23編）「（神が）低きに下って（そこにいる人々を）高く上げ、高貴な人々と共に……座らせてくださる」（詩編113編）「あなたはそこにおられます」（詩編139編）とあらわされている。

　ユダヤ・キリスト教の信仰では、その深淵にこそ神がおられ、その深淵に

おらざるを得ない人と共におり、そしてそこから共に立ち上がり、解放してくださるという救いにつながっていく。

このような深淵の理解は、筆者に、目の前で悲しみ傷つくAさんの痛みの深さを思い描かせてくれ、されど自分は何もできないという無力感もそこに描いてくれているという思いにさせてくれた。しかし、筆者は、多くのキリスト者が告白するように「そこに神がおられる」と言いきれない実情にあった。

おそらくこの実情は、島薗が「限界意識のスピリチュアリティ」(島薗 2023, 183–185) と呼び、「深い悲しみや心の痛み、解決困難な苦難に焦点を合わせるもので、死に向き合うこと、死別の経験に向き合うことを基軸とするスピリチュアリティ」とする理解が、より的確に言いあらわしてくれている。それは、どうすることもできない死や死別による苦しみの限界状況に自分ひとりで向き合えるはずがない、人知を超えたものなしにはかなわないと感じつつ、しかし、そこに超越したものの実在をはっきりと意識できるかというと、そうではないということである。そして筆者の場合、なぜかそこにあらわれたのは、神ではなく「みんな死んでしまえと思った」と言った人であった。この神理解については、次節の最後にもう一度考察する。

### 3.3. 死者との関係の再配置

先に振り返ったように、3回目の面接のとき、Aさんは、亡くなったBちゃんを「骨なんです」と言いつつ、死後のBちゃんの居場所が定まっていなかった。Aさんは、理性的にBちゃんの死を受けとめつつも、気持ちの上で受けとめるには、時間が必要であった。その後Aさんは「Bの生きた結果を残すために自分にできることはないか」「Bのために何かできないか」と言い、できることを探し、面接のたびに話してくれた。

6回目

AさんはBちゃんがいつでも自宅に戻って来られるようにしたいと、家をリフォームした。Aさんが作業する様子は、忙しくすることで寂しさを忘れようとしているようにも感じられた[2]。筆者は、その頑張りの反動でAさんの気分が落ち込むのではないかと心配になった。Aさんがきれいに仕上げたリビングの写真を見せてもらいながら「頑張り過ぎると後で心のエネ

ルギーが切れてしまうといけないから」とAさんに伝えつつ、「Bちゃん、その部屋で居心地よく過ごせそうだ」と伝えると、

> そうでしょ。Bのためなんです。こうやってBが、どうしたらいいか示してくれるんです。ここでBみたいな子どもを亡くしたお母さんの集まりを持ってもいいかな、なんて思っていて。私のほうが母親ですが、守られています。それはBが死んでからそう思ったんではないんです。私がBのことで不安になっていると、Bは、いつも笑わせてくれていたんです。きっと本人はそのつもりじゃないけれど、でもそうやっていつも導いてくれていたんです。

と言われた。Aさんの話を聴き「Bちゃんのために結果を残す」という思いは変わらないが、何かがこれまでと違うと感じた。それは、導く・守る立場が、AさんからBちゃんに変わったということであった。

　母親であるAさんにとって、生前Bちゃんは、守るべき対象だった。医療行為を受けるBちゃんが少しでもよい環境で過ごせるように悩んだり調べたりしていたとAさんから聞いたことがあった。そのことからもBちゃんを育む、守るのがAさんの役割だと思った。それゆえにBちゃんを守れず、Bちゃんを死なせてしまったという思いは、Aさんを苦しめていたのだと感じた。

　しかし、このときのAさんは、生前からBちゃんに守られていた、導かれていたと言った。宗教哲学の浅見洋によれば、精神科医の小此木啓吾は、日本人が故人のために仏壇にお茶や食事を供え、手を合わせて日々のこまごまとしたことを相談する様子を、死者との関係の断絶ではなく再配置であると説明している（浅見 2016, 44）。Aさんの場合、Bちゃんのお骨や写真に向かって積極的に話すようになったという物理的な配置変換はなかったが、Bちゃんが守り導いてくれていたと思えることで、守るべき存在であったBちゃんとの関係の再配置が起こったのである。

9回目

　再びAさんは、Bちゃんの1年2か月のいのちについて話した。

Bは1年2か月、精一杯生きたんですよ。でも私は先のことばかり考えていました。それにBにああすればよかったってことは、過去だし、今ここを生きていなかった。それに気づいて、Bが教えてくれているのかなって。Bは私の子だから私が守らなくてはいけないのに、Bのほうが守ってくれているようで。ほんとうに、かしこくて、かわいくて、教えられていることが多いんです。でもね、私が死なせてしまったんだと思うんです。それはどうやっても消せなくて。一生背負っていくものだと思います。でもその経験がなかったら今の生活がどんなに有難いかって気づいていなかったと思います。だからやっぱり教えられているんだって。

　Aさんは、Bちゃんが守り手で導き手であり、Bちゃんに教えられていると言った。
　遺族が、亡くなった人の言葉や生き方を思い出し、心の支えにしたり、生き方の手本にすることがある。しかし、亡くなった人の多くは年長者であり、遺族は、生前その人に守られたり教わった経験があり、それが死後も続くというものであった。しかし、Bちゃんは乳幼児だった。それでもBちゃんがAさんを教える存在となったのはなぜだったのだろうか。
　Aさんは、Bちゃんの笑顔やしぐさが自分を導き、Bちゃんの1年2か月は、大切なものが何かを気づかせてくれた、つまり価値観を変換させてくれたと言った。この経験についてAさんから聴いたとき、幼い子どもの存在や屈託のない笑顔を見てこの子のために頑張ろうと思うこととは、少し違うと思った。むしろ幼く力のない者こそが、守り導くということだと理解した。
　この考えは、筆者が高校生でキリスト教の世界に入ってから一番影響を受けた価値観であった。神の子イエスは、この社会で最も貧しく幼い者として生まれたという信仰である。大阪の釜ヶ崎で野宿労働者支援を行ってきた本田哲郎神父は、この信仰を「低みに立つ信仰」（本田 2015, v-viii）とあらわす。それは、弱い者、小さい者を庇護し、強く成長できるように支援するということではなく、弱く、小さいとみなされている人たちこそ、本当に大切なことに気づかせ導いてくれる存在なのだという理解である。支援者は、救ったり助けたりしているのではなく、救われたり助けれたりしているので

ある。AさんとBちゃんの関係において、それは、Bちゃんが1年2か月のいのちを精一杯生きて死んだことであった。幼く短いいのちが、大切なのは「今ここを生きる」ことだと教えてくれ、それがいかにかけがえのないことかを教えてくれた。そのことにようやく気づいたとAさんは言った。

そしてBちゃんが「今ここを生きた」いのちは、神の実在を示してくれた。それは、Aさんとの最後の面接の日のことだった。

> Bが生まれてすぐの3か月間っていうのは、自分のことで精一杯で、Bをかわいいと感じられなくて。ど真ん中にBを見れなくて。Bはここにいるのに、私がここにいなくて。Bを抱っこしていても、その先の先の未来のことの不安ばかり考えていて。目の前のBいのちを全然抱っこできていなくて。でも家で一緒に暮らすようになったら、かわいいしかないんです。それでもやっぱり、先の心配ばかりしてました。あの子は幸せなんだろうかって思っていて……「目の前のBを愛したらそれでいいんだよ」って、あの時の自分に言ってやりたいなあ。

Aさんが「目の前のBを愛したらそれでいいんだよ」と過去の自分にかける言葉が、とてもやさしく感じられ、まっすぐに届いた。そして、聖書の言葉の「隣人愛」を思い出し「あっ、そういうことだ。Aさんは同じことを言っている」と思った。

聖書には「心を尽くし、精神を尽くし、力を尽くし、思いを尽くして、あなたの神である主を愛しなさい。また隣人を自分のように愛しなさい」とある（マタイによる福音書22章37–40節）。ここで言われる「愛」はギリシャ語のアガペーである。愛するというと硬く聞こえるが、それは、目の前の人を大切にすることであり、そこに神の愛があるという信仰である。

前節で、筆者は、深い淵で神の実在をはっきりと感じきれていないと述べた。それは、聖書や教会の祈りで「主よ」と呼びかけるような大いなるものの人格を感じきれていないということである。しかし、Bちゃんの示してくれた神の実在は、少し違うものであった。

Bちゃんは、今を精一杯生きることを教えてくれた。そしてBちゃんの母親であるAさんは、目の前のいのちを大切にすればいいと教えてくれた。これまでチャプレンを志してから「スピリチュアルケアはDoing（何かす

ること）ではなく Being（ただそばにいること）である」と何度も教わって
きた。しかし、ただその人のそばにいて、ただその人を思うことが、これほど
大切なことなのだということを、BちゃんとAさんは、身をもって教えて
くれた。

　また、Aさんは、残酷な思いを言葉にすることができる場所が必要だと教
えてくれ、「みんな死んでしまえと思った」と言った人は、そのような言葉
を発することが赦されたおかげで、自分は生き延びられたと教えてくれた。
二人の言葉は、筆者の深淵の意味を明らかにしてくれた。それは、目の前で
苦しむ人を慰める言葉を持たない無力感の深淵は、筆者に、ただ聴くことを
可能にしてくれ、そのことによって、二人のような人たちは「こんなことを
言ってはダメ」と思わずに言葉を発せるのだということであった。このよう
にして筆者は、その人の生きざまと伝えてくれた言葉に、自分が救われ、赦
されており、このようにして自分は神の愛を受けとってきたのだと気づかさ
れたのであった。


## 4. まとめ

　Aさんとの関わりにおける筆者の「ごちゃまぜ」の信仰について論じて
きた。インタビューのチャプレンたちにとって、神の思いを問いながら、目
の前の苦しむ人を支えることが、宗教的ケア・スピリチュアルケアであっ
た。筆者は、チャプレンたちのように神の思いを問えるほどに明確な神の実
在を感じられてはいなかった。その代わりに出会った患者や家族が、どうす
ることもできない苦しみの中で、それでもなお生きることをとおして伝えて
くれたものと出会い、そのことをとおして自分も生かされてきた。筆者に
とって、そのような営みがスピリチュアルケアであるように思う。

　最後になりましたが、「Bのために」と言って事例紹介を快く承諾して下
さったAさんに心より感謝いたします。

138

# 注

1) 第3章で論じるAさんは、特定の宗教信仰について表明していない。しかし、亡くなった人がご先祖様や阿弥陀様のもとに行くことについて話し、町内会で氏子の当番を務めることについては違和感なく行っていた。そのようなAさんの営みは、創唱宗教とは違う、自然に発生し営まれてきた「自然宗教」と理解することができる（阿満 1997, 11）。

2) Aさんのように、死別後のふるまいの中には、大切な人を失ったというショックな現実を受けとめることが困難であるために、悲しいできごとにもかかわらず、気分が高揚し、明るく振舞ってしまうこともある（坂口 2012, 66–67）。

# 参考文献

Worden, William (1992) 2018: *Grief Counseling and Grief Therapy: Handbook of for the Mental Health Practitioner*, New York: Springer Publisher Company.

浅見洋　2016：「日本におけるグリーフケアカウンセラー：臨床心理学と日本的心性の狭間で」竹之内裕文他『喪失とともに生きる：対話する死生学』ポラーノ出版、39–44。

阿満利麿　1996：『日本人はなぜ無宗教なのか』筑摩書房。

小此木啓吾　1979：『対象喪失：悲しむということ』中央公論新社。

柏木哲夫　1987：『生と死を支える：ホスピス・ケアの実践』朝日新聞社。

坂口幸弘　2012：『死別の悲しみに向き合う：グリーフケアとは何か』講談社。

島薗進　2023：『なぜ「救い」を求めるのか』NHK出版。

本田哲郎　2015：『釜ヶ崎と福音：神は貧しく小さくされた者と共に』岩波書店。

松永希久夫　1974：「新約における死と葬儀」日本基督教団信仰職制委員会『死と葬儀』日本基督教団出版局、49–87。

山本佳世子／葛西賢太　2022：「布教伝道を第一目的としないチャプレンを支える信仰：キリスト教病院の事例から」森田敬史他『宗教者は病院で何ができるのか：非信者へのケアの諸相』勁草書房、27–66。

日本聖書協会　2018：『聖書　聖書協会共同訳』。

# Religiosity of a Healthcare Chaplain

## by NAKAI Tamae

This article describes the author's spiritual care practices as a health-care chaplain, introducing a case of a mother who lost a baby to illness at the age of one year and two months. I consider three religious-spiritual themes, namely, "views after death," the "abyss of helplessness," and the "reconfiguration of the relationship with the dead." With these themes I explore the mother's bereavement process, attending to the chaplain's religiosity that accompanied the mother's bereavement. Through the process, the mother discovered the importance of living here and now by sharing with the chaplain who carried on spiritual care conversations with her about her baby's place after death, her agony in the abyss of helplessness, and the meaning of her baby's short life. Through this process, the chaplain became aware that the role of spiritual care is to accompany the mother on her journey to find the meaning of losing her beloved baby.

〈論文〉

# 伝記的な生の諸相と二人称の不死

小 笠 原　史 樹

## 序

　現代イギリスの哲学者、スティーヴン・ケイヴ（Stephen Cave）は、2012 年の著書『不死（Immortality）』において、四つの「不死の物語（immortality narratives）」について論じている。ケイヴによれば、どのようにして不死が達成されるかに関するストーリーは多様に見えるが、それらの根底にあるのは四つの基本的な形態のみであり、この四つは「神話に登場するような、不死なる者たちの暮らす山（the mythical mount of the immortals）」へ続く四つの道としてイメージできる（Cave 2017 (2012), 3）。

　本稿は、このような四つの不死の物語を手掛かりに、生や不死について考察し、私の生を一人称以外の視点から、さらに不死を二人称の視点から捉える可能性を示して、一人称の視点のみを特別視する諸議論の相対化を試みる。

　本稿の議論は次のように進められる。まず、ケイヴの提示する四つの不死の物語について検討し、それらを生の物語として捉え直す（1）。次に、レイチェルズによる生の二区分を参照し、生の「伝記的（biographical）」な含意を確認した上で、改めて四つの不死の物語に立ち返り、伝記的な生が「意識ある生」に必ずしも還元されず、他の側面を持ち得ることを示す（2・3）。さらに、ケイヴの言う「死の不可避性のパラドックス（the mortality paradox）」を批判的に検討し、当該のパラドックスを二人称の視点から再構成して（4）、最後に、不死の物語を二人称の不死に関するものとして捉え直し、再検討する（5）。

# 1. 四つの不死の物語

　まず、ケイヴの提示する四つの不死の物語について、それらの内容を概観することから始める。

　不死に向かう第一の道は、今のまま「生き続けること（staying alive）」である。この物語は、死を避けようとする我々の本能から直接生じる。この世で物理的に死を永遠に避ける、という夢は、不死の物語の中で最も素朴なもの（basic）である。（Cave 2017 (2012), 4）ケイヴはこの道に関する具体例として、始皇帝が徐福を派遣して、老いと死を防ぐ「生の薬（the elixir of life）」を手に入れようとしたことや（ch. 2）、科学的な発見や進歩によって寿命を延ばし続け、ついに不老不死を実現しようとする「工学的なアプローチ（engineering approach）」などを挙げている（ch. 3）。

　第二の道は、我々は死ななければならないが、生前と同じ身体で、あるいは新しい身体で物理的に生き返ることができる、という「復活の物語（resurrection narrative）」である。死んでも復活する、という希望は、死なずに生き続けようとする試み程に素朴ではないにせよ、冬に死んで春に蘇る、という自然界の姿に根差している（Cave 2017 (2012), 4–5）。第二の道の具体例としては、キリスト教などに見られる復活の信仰や（ch. 4）、進歩したテクノロジーによる蘇生の可能性などが挙げられる（ch. 5）。

　第三の道は、身体なしに「魂（soul）」として生き残ることである。物質世界は、永遠の命を保証するにはあまりにも心許ない。この「魂の物語（soul narrative）」の信奉者たちは、物質世界で形を維持することを諦め、より霊的なものから成る未来を信じる。この信念は大して自然に根差してはいないが、しばしば夢や神秘体験において体感され得るような、自分の身体から自分が離れる、という感覚に基づく（Cave 2017 (2012), 5–6）。第三の道の具体例としては、ダンテ『神曲』に描かれている死後の世界のイメージや（ch. 6）、ヒンドゥー教や仏教に見られる魂の転生の信仰などが挙げられる（ch. 7）。

　第四の道は「遺産（legacy）」を残すことであり、ケイヴによれば、おそらく四つの中でこの物語が最も広く受け入れられている。物理的な身体も非物質的な魂も維持される必要はなく、代わりに、自分の名声や自分の子供たちが存在し続けることで、より間接的な仕方で我々自身が未来へ拡張

される（extending ourselves into the future）（Cave 2017 (2012), 6）。第四の道の具体例としては、アレクサンダー大王の名声が伝えられ続けていることや（ch. 8）、遺伝子の継承などが挙げられ（ch. 9）、前者は「文化的な不死（cultural immortality）」、後者は「生物学的な不死（biological immortality）」と呼ばれる。

　以上のような四つの道は、単に不死を達成するための手段を示しているのみならず、何をもって不死と見なすか、すなわち、何をもって生の持続と見なすか、生とは何か、という問いへの解答をも示している。言い換えれば、四つの不死の物語は同時に、四つの生の物語でもある。

　これら四つの道が不死への途上にある、つまり未だ生が持続していると見なされ得るとして、一体何が持続しているのか。

　第一と第二の道は、死によって一旦中断されるか否かの違いはあるが、物理的な身体が維持される、という点で一致している。他方、第三の道において、維持されるのは非物質的な魂のみであり、物理的な身体が存在し続けることは期待されていない。生が持続していると見なされるために物理的な身体が必要か不要か、という点で、最初の二つの道と第三の道とは確かに異なっている。しかし、この相違点が直ちに、生の捉え方に関する決定的な違いを示している、とは限らない。注意すべきは、第一と第二の道において、生の持続のために、物理的な身体がそれ自体として必要とされているのか、あるいは、意識が持続するために付随的・二次的に必要とされているにすぎないのか、ということである。意識が持続するか否かにかかわらず、物理的な身体を欠くならば、もはや生は持続していないのか。あるいは、物理的な身体を欠くとしても、意識が持続するならば、未だ生は持続しているのか。どちらの考え方も可能であるとして、仮に後者ならば、第一から第三までの三つの道は、生の本質を意識に置くことで一致している、と考えられる。

　これら三つの道すべてが、最初の二つの道に関する解釈次第では、意識の持続をもって生と見なす、という点で一致し得るのに対して、第四の道は、物理的な身体の持続も意識の持続も必要としない。自分の身体や意識を欠くにもかかわらず、自分の名声や遺伝子などの「遺産」が残ることで未だ生が持続しているとすれば、生の本質は身体や意識ではなく、生を通して生み出される「遺産」にこそある、ということになる。このような生の捉え方は、個々の身体や意識に基づいて生を捉えようとする立場からは当然、極めて奇

異に感じられるだろうが、人間の生は個々の身体や意識に還元されてしまうわけではなく、一方では文化的に、もう一方では生物学的に拡張され得る、と考えるならば、この捉え方も決して不自然ではない。自分の名声が残る限り、あるいは自分の遺伝子が残る限り、自分は未だ何らかの仕方で生き続けており、かつその仕方での生存こそが、自分の生にとって最も重要である、という人生観や価値観は、奇異でも珍しくもないだろう。

## 2. 生物学的な生と伝記的な生

　前節で確認したように、ケイヴが提示する四つの不死の物語は、同時に生の物語でもあり、生とは何か、という問いへの複数の解答を示している。生に関する議論をより精緻化すべく、本節では、ケイヴの主張から一旦離れて、アメリカの倫理学者、ジェイムズ・レイチェルズ（James Rachels）による生の二区分について検討する。

　レイチェルズによれば、「生（life）」という言葉は二つの仕方で用いられている。第一に、生とは、生きているもの（things that are alive）を指す。「生きている」とは「機能している生物学的な有機体（a functioning biological organism）である」ことを意味する。この意味での「生」は、人間だけでなく、他の動物や昆虫、植物などの生物にも適用される（Rachels 1986, 24–25）。

　第二に「生」は、生物学（biology）ではなく伝記（biography）に属する概念として用いられる。人間は生きているだけでなく、生を営んでいる（they have lives）。例えば、チェスの名手として有名なボビー・フィッシャーに関して「ボビー・フィッシャーの生（the life of Bobby Fischer）」と言われるとき、この「生」は第二の意味で用いられている。もし彼を生物（a living being）として記述しようとするならば、彼はホモ・サピエンスという種の動物であり、心臓や肝臓などを持っている、等々と語ることになるだろう。しかし、「彼の生（his life）」について記述しようとする場合には、この人物の生に関する事実（the facts of a person's life）、すなわち、フィッシャーが1943年に生まれてニューヨークで育ったことや、1972年にチェスの世界大会で優勝したこと、陰謀論を信じていることなど、彼の履歴や性格に関する事実が語られることになる。彼の生に関するこれらの事実は、生

物学的な事実とは区別される（Rachels 1986, 25）[1]。

　以上のような生の二区分に即して、レイチェルズは「生の神聖さ（the sanctity of life）」について、「生の神聖さとは、伝記的な意味での個々の生（lives in the biographical sense）を保護するものとして解釈されるべきであり、単に生物学的な意味での生（life in the biological sense）を保護するものとして解釈されるべきではない」と主張する（Rachels 1986, 26）。

　この主張を擁護するために、レイチェルズは次のような議論を展開している。今日死ぬか、あるいは、夢すら見ない昏睡状態に陥って決して目覚めることなく、今から十年後に死ぬか、という二択を迫られたとしよう。後者のような仕方で生き続けることで尊厳が損なわれる（undignified）と考えて、あなたは前者を選ぶかもしれないが、しかし実は、どちらを選んでも変わりはない。どちらの場合でも、あなたの生は今日終わるのであり、その後に身体が維持され続けることに意味はない（Rachels 1986, 26）。

　上記のような議論において、レイチェルズは「意識のある生（a conscious life）」という言葉を用いている。レイチェルズによれば、「意識のある生を欠くならば、その主体が生きていようと死んでいようと、主体自身にとっては何の違いもない」。生物学的に生きていることが重要なのは、生物学的に生きていることで伝記的な生を営めるからであり、生物学的に生きていることの重要性は、伝記的な生を営むことの重要性から派生するものでしかない（Rachels 1986, 26–27）[2]。

　生物学的な生よりも伝記的な生を重視すべきである、というレイチェルズの主張は、前節で提起したような、何をもって生の持続と見なすか、生とは何か、という問いへの解答としても機能する。不死であるか否かはともかく、レイチェルズにとって誰かが生き続けるとは、その誰かが伝記的な生を営み続けることに他ならない。そのような伝記的な生が失われた時点で、生は終わる。その後に未だ生物学的な生のみが持続するとしても、もはや当該の生は、伝記的な生が営まれていたときに持っていたような「生の神聖さ」を持たない。生に関するこのような理解に基づいて、レイチェルズは、安楽死を一定の条件の下で正当化しようとする。

　安楽死の是非に関する議論には入りこまずに、生とは何か、という点だけに限って考えておくとして、レイチェルズの主張に相応の説得力を感じる人は少なくないだろう。しかし、彼が導入した「伝記的（biographical）」と

いう概念には、むしろ彼の主張を相対化し、生を別の仕方で捉える可能性が含まれている。

　確かに、「私」という一人称の視点から私自身の生を意識している状態で、レイチェルズが提示するような条件において今日死ぬか、今から十年後に死ぬか、と自問するならば、どちらを選んでも変わりはなく、私の生は今日終わる、と感じられるかもしれない。どちらの場合でも、私の意識は今日、不可逆的に途絶えるからである。しかし、途絶えるのは私の意識のみであり、私の生も同時に途絶える、とは限らない。もちろん、私の意識が途絶えてしまう以上、私が私の生を意識することはできなくなるが、当然ながら、私以外の他者が私の生を意識することは未だ可能である。実際、私以外の他者にとって、私が今日死ぬか、今から十年後に死ぬか、という二つは極めて大きく異なり得る。前者の場合、私の生は今日終わるが、後者の場合、私の生が終わるのは十年後である。そして、さらに十年続くこの生は、決して単なる生物学的な生ではない。もはや私自身は私の伝記的な生を営めないか、営んでいると意識できないとしても、他者は私を、その十年間、伝記的な生を営み続けている存在として扱うはずであり、少なくとも扱うことができる。例えば、昏睡状態の私に誰かが「あなた」と二人称で呼びかけるとき、あるいは、他の誰かが「彼／彼女」と三人称で名指して私について物語るとき、彼らは私を、生を営むことを止めた単なる生物としてではなく、生を営み続けている一人の人間として扱っている、と考えられる。

　私の生が「私」という一人称の観点からだけでなく、私以外の他者を介して「あなた」や「彼／彼女」という二人称・三人称の観点からも捉えられ得ることは、すでに「伝記」という言葉遣いによって示唆されている。伝記は自伝とは限らない。私以外の他者によって私の伝記が書かれる場合もあり、さらに言えば、私の伝記は他者によってこそ十全な仕方で書かれ得る、とも考えられる。私の誕生と死は、私の伝記的な生にとって重要な部分となるだろうが、私の誕生や死について物語ることができるのは、私以外の他者のみだからである。[3]

## 3. 伝記的な生の諸相

　レイチェルズは生について、生物学的な生と伝記的な生とを区別した上

で、後者を「意識ある生」と半ば同一視している。このような生の捉え方に対して前節で示されたのは、私の伝記的な生を、私の意識によって捉えられる範囲だけに限定せず、私以外の他者の観点からも捉えて拡大する、という可能性である。このとき私の伝記的な生は、私の意識の持続する範囲を超えて持続し得ることになる。私の意識を欠いても、私の伝記的な生は持続し得る。[4]

　以上を踏まえて、ケイヴが提示する四つの不死の物語について、改めて検討し直してみることにしよう。

　第一の「生き続けること」と第二の「復活の物語」では物理的な身体が維持され、生物学的な生が持続する。第三の「魂の物語」において物理的な身体は維持されないため、生物学的な生は持続しない。したがって、不死には生物学的な生の持続が必要である、と仮定するならば、第一と第二は不死への道であり得るが、第三は不死への道であり得ない。

　他方、既述の通り（本稿1）、第一と第二の道において、物理的な身体はそれ自体として必要とされているわけでなく、意識が持続するために付随的・二次的に必要とされているにすぎない、と解釈するならば、第一から第三までの三つの道は、意識を生と見なす点で一致する。伝記的な生と「意識ある生」を半ば同一視するレイチェルズも、生物学的な生の重要性は伝記的な生の重要性から派生するものでしかない、と主張していた。不死にとって必要なのは「意識ある生」の持続のみである、と考えるならば、物理的な身体や生物学的な生の有無にかかわらず、これら三つの道はすべて、不死への道であり得る。

　この場合、第四の「遺産の物語」だけが唯一、「意識ある生」が維持されないため、不死への道ではあり得ないことになる。確かに、「意識ある生」と同一視されるような伝記的な生は、第四の道において維持されない。ケイヴ自身、私がその一部を成すような「生命の連鎖（a chain of life）」が持続することをもって不死と見なす類の「生物学的な不死」に関して、私の意識が消えてしまうことを理由に、この状態を不死と見なすことに疑問を呈している（Cave 2017 (2012), 237–238）。

　しかし、「伝記的」という概念は、第四の道における「文化的な不死」にこそ文字通りの意味で適合する、とも考えられる。文化的な不死とは、私の物理的な身体や意識が失われた後でも、私の生が他者から物語られ続けるこ

とによって持続することを指しており、「伝記」はそのような物語の典型的な一例たり得るからである。

　もちろん、伝記によって物語られる生それ自体と、その生を物語る伝記とを区別することはできる。レイチェルズが「伝記的」と述べるとき、彼はあくまでも、伝記の対象となるような生の営みに言及しているにすぎず、伝記について論じているわけではない。故に、彼は伝記的な生を「意識ある生」と同一視し得る。伝記的な生と伝記とは混同されず、区別される。

　他方、文化的な不死は、あえて両者を混同することによって成立する。確かに、英雄的に行動した人物の生と、その人物の英雄的な行動が語り継がれることとは区別できる。仮に後者が永続し得るとしても、前者は一時的であって永続しない。にもかかわらず、ギリシア神話に登場する英雄たちは、自分の名声が永続することの内に自分の不死を見出す。ケイヴによれば、「古代ギリシアの人々にとっては、死と腐敗を伴う自然の流れを逃れ、文化という象徴的な領域——文化は世代を超えて生き残り、ともすれば永続し得るかもしれない——に居場所を作り出すことが、永遠の生をもたらすレシピだった」(Cave 2017 (2012), 207)。文化的な不死においては、伝記が語り継がれることがそのまま、伝記の対象となる生が持続することでもあり得る。

　上記のような、伝記的な生と伝記の混同は、「意識ある生」を重視するレイチェルズにとっては荒唐無稽に見えるかもしれないが、しかし、自然の領域ではなく文化の領域に生の本質を求めようとする古代ギリシア的な発想は、生物学的な生ではなく伝記的な生に「生の神聖さ」を帰するレイチェルズの主張と、基本的な方向性で一致している。両者に共通するのは、単なる生物としての在り方から、文化的な生を営む人間としての在り方に目を向ける、という視点の転換である。ただし、単なる生物ならざる人間としての在り方について、レイチェルズは、そのような在り方を意識の持続する範囲に限定し、生物学的な生が続いていても伝記的な生の終わる場合がある、と考えるのに対し、文化的な不死においては、意識の持続する範囲を超えて、さらに生物学的な生の範囲も超えて、生が持続し得る。

　前節でも幾らか確認したように、おそらくレイチェルズ自身の意図に反して、生物学的な生ではなく伝記的な生に注目する、という議論の仕方は、生の範囲を限定するよりもむしろ拡大する機能を持つ。単に生物として生きるのみならず、伝記の対象となるような生を人間として営むことは、通常、私

一人だけで自己完結することによってではなく、私以外の他者との関わりにおいて成立する。私の生が私自身からどのように意識されるか、私の生が内側からどのように経験されるか、という点は、確かに私の伝記的な生にとって重要な部分たり得るとしても、そのすべてではない。私の生は他者の意識の対象でもあり、また、私自身もそのような他者の視線を私に向け、外側から私の生を捉えようとする。私の生について物語るのが私だけとは限らず、かつ私の自己物語も、私の生に関する他者の物語や他者自身に関する物語などから完全に独立ではなく、複数の物語はしばしば相互に深く関わり合う[5]。古代ギリシアの英雄たちならば、自分ではなく後世の人々が自分の生についてどのように物語るか、という点を最大限に重視するだろう。

　いずれにせよ、やはり私の伝記的な生は、私の「意識ある生」には限定されず、より広く拡大され得る。[6]

## 4. 死の不可避性のパラドックス

　前節までの議論において、ケイヴの挙げる四つの不死の物語、及びレイチェルズによる生の二区分について検討する過程で示されたのは、私の意識の持続する範囲を超えて私の生を拡大する可能性であり、言い換えれば、「私」という一人称の視点からのみ私の生を捉えようとすることの限界である。本節では、ケイヴの提示する「死の不可避性のパラドックス（the mortality paradox）」について検討し、一人称の視点のみを特別視することの限界をさらに示す。

　ケイヴが「死の不可避性のパラドックス」と呼ぶのは、我々は自分自身に関して、自分はいつの日か死ななければならない、と認識しつつ、自分が死ぬとは想像できないが故に、死は避けられないと同時に不可能（inevitable and impossible）と考えられる、という事態である（Cave 2017 (2012), 16）。

　ケイヴによれば、我々は、自分たちの周囲で他の生き物が次々と例外なく死んでいくのを見て、死こそが「真の敵（the real enemy）」であると気づく。様々な手段によってしばらくの間、死を食い止めることはできるが、しかし、そのような努力も結局は無駄であり、我々はいつの日か必ず死ななければならない、とわかっている。「生とは、敗北することを運命づけられた

絶え間ない戦いである」（Cave 2017 (2012), 17–18)。

　他方でケイヴは、我々は自分自身の死を想像できない、とも指摘する。自分の葬儀などを想像することはできるが、私は未だ観察者として、その場面を思い描く目として存在し続ける。想像するという行為そのものが、私を存在せしめる。思考する主体としての我々自身にとって、死は現実ではあり得ない。千年後であれ百万年後であれ、どれくらい先の未来について想像する場合でも、想像の中に我々自身が現れ続ける（Cave 2017 (2012), 18–19)。

　このパラドックスは、我々が自分自身を異なる二つの仕方で眺めていることに由来する、とケイヴは言う。一方で、我々は自分自身を客観的に外側から眺め、もう一方では、主観的に内側から眺める。外側から客観的に眺めるならば、我々は死すべき者（mortals）であるが、視点を転じて内側から主観的に眺める場合には、自分が消滅してしまうことに想像力が及ばず、自分は永続するかのように感じられる（Cave 2017 (2012), 20)。

　死の不可避性のパラドックスに関する以上のような議論は、しかし、ほとんど説得力を持たないだろう。我々は死すべき者である、という点は良いとして、自分が死ぬとは想像できない、と指摘することでケイヴがどのようなパラドックスを想定しているのか、不明確だからである。[7]

　第一に、自分が死ぬ、つまり自分が存在しない、と想像することは不可能ではない。ケイヴの主張する通り、私が何かについて想像するとき、想像する主体としての私は存在し続ける。しかし、想像する主体と、その主体が想像する内容とは、当然ながら異なる。例えば、私は室内で机に向かいながら、自分のいない屋外の様子について想像することができる。このとき、私は「自分が屋外にいない」と想像しているのであり、「自分が屋外にいる」と想像しているわけではない。千年後や百万年後の未来に関しても同様である。また、ケイヴは未来の死についてのみ言及しているが、きっと彼自身も、千年前や百万年前の過去について、そのような過去を想像する主体としての私が存在するため、私が過去に存在しなかったとは想像できない、とは言わないだろう。

　第二に、私が内側から主観的に、私の死がどのような状態か、ということを想像できないとしても、何のパラドックスも生じない。議論の都合上、「意識ある生」の終わりを死と見なしておくならば、このとき、誰かが死ぬことによって、その誰かの内側からの主観的な視点は消失する。したがってその

誰かは、自分の死について内側から主観的に想像できない。そしてこの、内側から主観的に想像できないこと、想像できるような「状態」が消失することがまさに死の特徴であり、「内側から主観的に想像できないが故に、死ぬとは想像できない」とは言えない。我々は、自分たちが死すべき者であると理解し、かつ、自分の内側からの主観的な視点の消失として、自分の死を理解し得る。[8]

　死の不可避性のパラドックスに関するケイヴの主張それ自体は、上記の通り妥当性を欠くように思われるとして、注目すべきは、この議論においてケイヴが、一人称の視点を特別視している、という点である。ケイヴが、死は避けられないと同時に不可能と考えられる、と述べるとき、不可能と考えられるのはあくまでも私自身の死であり、私以外の他者の死ではない。ケイヴによれば、パラドックスが生じるのは私が私自身を外側から、かつ内側から、異なる二つの仕方で眺めることができるからであり、私が私以外の他者を単に外側からのみ眺める限り、このようなパラドックスは生じない。ケイヴにとって、死の不可避性のパラドックスは「私」という一人称の視点に基づくが故に、私の死に関して生じるものでしかない。

　確かに、私が内側から主観的に眺め得るのは私の生のみであり、その限りにおいて、私の死は、私以外の他者の死と異なって特別であり得る。ただし、そのような特別さは、私の生を「意識ある生」として捉えることに由来するものでしかない。他方、今までの本稿の議論で示されたのは、私の伝記的な生を私の「意識ある生」に限定せず、より広く拡大する可能性である。私の伝記的な生は、外側からにせよ内側からにせよ、私の意識によって一人称の視点から捉えられるのみならず、私以外の他者の視点からも捉えられ得る。私の「意識ある生」が終わる時点で同時に、私の伝記的な生も終わるとは限らない。私の伝記的な生にとって私の意識は必ずしも本質的ではなく、つまり、私が内側から主観的に眺め得ないような生も、私の生であり得る。私の生に関して、一人称の視点を特別視する必要はない。したがって、一人称の視点の有無に基づいて、私以外の他者の生よりも私の生を特別視する必要もなく、同様に、私以外の他者の死よりも私の死を特別視する必要もない。

　さらに、ケイヴの言うような死の不可避性のパラドックスは結局、現実性を欠いた仮定的なものに留まる、という点も注目される。私の死は決して私

に現前し得ず、私の将来に待つ出来事として仮定されるにすぎない。ケイヴに従って、自分が死ぬと想像することはできない、と考えておくとしても、この場合に生じるのは、私がいつか死ぬ、という仮定と、私が死ぬとは想像できないこととの対立でしかない。ケイヴは、死の不可避性のパラドックスを解決するために不死の物語が形作られた、と述べているが（Cave 2017 (2012), 16）、このような仮定上のパラドックスが本当に、人類史を通して広く共有される物語を生み出す程の切実さを持ち得るのか、という点には疑問が残る。

　むしろ、より切実であり得るのは、私の死をめぐる仮定的なパラドックスではなく、他者の死をめぐる葛藤の方であるように思われる。私の死が私にとっては常に仮定上のものでしかないのに対し、私以外の他者の死は単なる仮定に留まらず、私に現前し得る。他者の死は、将来に待つ出来事として仮定されるのみならず、実際に起こる。私の死が持ち得ない現実性を、他者の死は持ち得る。そして、しばしば我々は、そのような他者の死を受け入れられない。その他者が死ぬことはあり得ず、あってはならない、と感じる。にもかかわらず、現実にその他者は死ぬ。

　現実に他者が死に、かつその死を受け入れられない、という葛藤は、あらゆる他者に関して生じ得るが、特に、私が「あなた」などの二人称で呼びかけるような、深い関わりを持つ近しい他者に関して生じることが多いだろう、と推定される。他者の死は、その他者と深く関わる私にとって、その他者との「死別」でもある。私は「私」という一人称の死を経験し得ないが、「あなた」という二人称の死に際して、その「あなた」との死別を経験し得る。[9]

　死別を実際に経験しながら、しかし死別を受け入れられない、というこの葛藤を、ケイヴの言う仮定上のパラドックスよりも現実的な、別種の「死の不可避性のパラドックス」と呼ぶことも不可能ではないだろう。死の不可避性のパラドックスは、一人称の死ではなく二人称の死に関して、より切実なものとして再構成され得る。[10]

## 5. 二人称の不死

　前節後半で言及したように、ケイヴは、一人称をめぐる死の不可避性のパ

ラドックスの解決策として四つの不死の物語を提示しており、つまりこれら
の不死の物語は、私の不死の物語として提示されている、と考えられる。死
の不可避性のパラドックスを二人称に関するものとして再構成することで、
四つの不死の物語も、「私」ではなく「あなた」の不死、二人称の不死の物
語として捉え直されることになる。

　二人称の不死の物語として、第一の道である「生き続けること」は、しか
し、二人称の死が現前している場合には採用できない、と、まずは感じら
れるだろう。他者は現に死んでおり、生き続けてはいない。ただし、他者
の「意識ある生」が途絶えた後で生物学的な生が持続している、という状態
については、未だ他者が生き続けている、と見なすことができる。第二節後
半で昏睡状態の私に関して指摘したのと同じく、昏睡状態の他者に私が「あ
なた」と二人称で呼びかけるとき、私はその他者を、生を営み続けている一
人の人間として扱っているはずである。また、生物学的な生を終えた遺体に
話しかける、という場面なども想定することで、他者の生き続ける範囲をさ
らに延長することもできるが、いずれにせよ、私の死の場合と異なり、他者
の死の場合には物理的な身体の死が現前してしまっているが故に、第一の道
は、私の不死の物語として機能する程には、二人称の不死の物語としては機
能しない。

　第一の道とは対照的に、第二の道である「復活の物語」は、二人称の死が
現前している状況と何ら矛盾しないため、二人称の不死の物語として有効で
ある。確かに今、「あなた」は死んでいるとしても、この死は最終的なもの
ではなく、やがて「あなた」は復活して永遠に生きる。このような信念を持
つことで、二人称の死はあくまでも復活前の一時的なものとして、二人称の
不死の前段階として理解され、受け入れられる。

　同様に、身体なしに魂として生き残る、という第三の道も、二人称の死が
現前している状況と矛盾しておらず、二人称の不死の物語として十分に機能
する。物理的な身体は失われてしまったとしても、未来の復活を待つまでも
なく、今この瞬間も「あなた」は魂として生き続けている。他者の物理的な
死が現前しているにもかかわらず、物理的ならざる他者の生は未だ持続して
おり、その生は永続する、と信じることで、他者の物理的な死が受容され
る。

　遺産を残す、という第四の道も、やはり二人称の不死の物語たり得る。私

の不死の物語としても二人称の不死の物語としても、第四の道は、物理的な身体や非物質的な魂の持続を必要としない。他者の死が現前していることは、第四の道によって他者の不死を達成しようとすることを妨げない。他者の名声などが存在し続けることで文化的に、また、他者の子供たちや遺伝子などが存在し続けることで生物学的に、他者の生は未来へ拡張され得る。そして私は、実際にその他者について語り継ぐことなどによって、他者の生を拡張すること、二人称の不死を実現することに貢献し得る。物語られるものとしての「あなた」の不死に、私は、物語る者として関わることができる。「私」の遺産の場合、私は自分の死後に自分の遺産を誰かが、あるいは何かが継承してくれることを単に願うだけの消極的な傍観者に留まるが、「あなた」の遺産の場合、私は「あなた」の遺産を自ら継承する積極的な主体たり得る。

　さて、これら四つの道が二人称の不死への途上にある、つまり未だ「あなた」の生が持続していると見なされ得るとして、一体何が持続しているのか。

　先に同じ問いについて検討した際と共通して（本稿1）、物理的な身体の持続、意識の持続、遺産の持続が挙げられるが、さらに二人称の生の場合には、私が「あなた」に関わり続ける、という「関わり」の持続を加えることができる。そもそも二人称は一人称との関わりにおいて成立するため、二人称の生が持続するためには、言い換えれば、ある生が二人称の生として捉えられ続けるためには、私と「あなた」の何らかの関わりが持続していなければならない。関わり方は様々であるにせよ、「死別」とは、「あなた」の死によって両者の関わりのすべてが、あるいは少なくとも、両者の関わりの最も重要な部分が不可逆的に失われてしまうことを指す、と理解される。二人称の不死の物語とは、そのような「死別」が起こっていないこと、つまり、私と「あなた」が未だ最も重要な仕方で関わり続けており、両者の関わりが不可逆的に失われてしまったわけではないことを示そうとする試みでもある。

　仮にケイヴの言う死の不可避性のパラドックスが成立し得るとしても、私の死をめぐるそのようなパラドックスは、私の物理的な死と共に直ちに解消される。私が私の死を想像できるか否かにかかわらず、想像する主体としての私は消える。もはや不死の物語は必要ない。他方、二人称の死をめぐるパラドックスは、「あなた」の物理的な死と共に解消されるどころか深刻化し、

先鋭化する。現前する二人称の死に関する葛藤において、二人称の不死の物語が切望され、語られる。

　人類史を通して広く共有される不死の物語は、私の死によって途絶するような、一人称の不死の物語としてのみならず、「あなた」の死から始まるような、二人称の不死の物語としても捉え直されることによって、より的確に理解されるように思われる。

# 結語

　以上、本稿は、ケイヴの提示する四つの不死の物語について、レイチェルズによる生の二区分を参照しながら検討することを通して、私の伝記的な生は一人称以外の視点からも捉えられ得るため、必ずしも「意識ある生」には還元されないこと、また、死の不可避性のパラドックスは二人称をめぐるものとして再構成することが可能であり、故に、パラドックスを解決するものとしての不死の物語も二人称の不死に関するものとして理解され得ることを示した。

　私の伝記的な生が常に私だけによって語られるとは限らず、不死の物語が常に私の生についてのみ語られるとも限らない。語り手としても語られる対象としても、常に私が特権的な位置を占めるわけではない。生や不死に関する諸問題は、一人称の視点のみを特別視しない仕方で、より多角的に再検討され得る。

# 注

1) レイチェルズと同様に、清水哲郎も「いのち」に関して、「他の諸生物と共通した生命体」としての個々人の「生物学的な生命」と、「個々人の来し方・行く末を〈人生〉として見、何をしてき、今何ができ、これからどうしようとするか、といった言説で記述されるようなもの」としての「伝記的な生」とを区別している（清水2002, 6）。また、小松美彦は、「科学による生命の把握のしかた」と「人文学や諸芸術や教訓によるそれ」を区別し、前者を「科学的生命観」、後者を「人生論的生命観」と呼んでいるが、この区別も、レイチェルズによる生の二区分に類似している（小松 2018, 56–57）。

2) レイチェルズは、今日死ぬか十年後に死ぬかは、今日の時点で不可逆的に意識を失う主体にとっては何の違いもない、と主張しているが、同時に、他ならぬその主体が今日以降の自分自身について、昏睡状態のまま十年生き続けることで「尊厳が損なわれる」と判断する可能性にも言及している。つまり、今日死ぬならば自分の尊厳は損なわれないが、十年後に死ぬならば尊厳が損なわれる、と考える主体にとって、今日死ぬか十年後に死ぬかの違いが重要であり得ることは、レイチェルズ自身も認めている。また、同じく尊厳に関する文脈で、他の論者によって「自分が一旦、永続的な無意識の状態に陥ってしまったならば、自分が生きるか死ぬかは自分にとって何の問題にもならない、と考える人がほとんどいないのはなぜか」と問われる場合もある（Dworkin 1994 (1993), 199）。関連して、レイチェルズの議論に対する有馬斉の批判を参照（有馬 2019, 445–448）。

3) ただし、私も自分自身の誕生について、他者からの伝聞情報などに基づいて、自分の生の出来事として語ることができる。例えば、ボビー・フィッシャーは自分が1943 年に生まれたことについて、自分で語り得る。

4) 前節後半で挙げたような、昏睡状態の私に誰かが「あなた」と二人称で呼びかける、という状況について、その誰かは、実際には意識のない私を、あたかも意識のある存在であるかのように見なして語りかけている、と理解することも可能である。このとき私の伝記的な生は、やはり私の意識と深く結びついていることになるが、しかしこの場合でも、私の伝記的な生が、実際に私の意識が持続する範囲を超えて持続し得る、という点に変わりはない。

5) 清水哲郎は次のように述べている（以下、〔 〕内引用者）。「人生の物語りは自分ひとりで創るものではない。周囲の人々の物語りと交叉し、それらに支えられつつ、また支えつつ創られていく。私たちは身体に定位した《(生物学的) 生命》〔≒生物学的な生〕という点では、別々で、相互に独立しているが、《物語られるいのち》〔≒伝記的な生〕としては、相互に浸透し合っている」（清水 2015, 4）。

6) ウィリアム・ルディック（William Ruddick）も、「伝記は、物語られる、という側面から見た生である（biographies are the narrated aspect of lives）」と述べて、「物語られる生（lives-as-narrated）」が本人の死後も続くことなどから、レイチェルズの用いている「伝記的な生」という概念を、本人の死後にも及ぶ仕方で拡大しようとしている。（Ruddick 2005, 510–514）

7) 関連して、「実は誰も、自分が死ぬとは全く信じていない」という主張に対する、シェリー・ケーガンの詳細な反論を参照（Kagan 2012, 186–196）。

8) ケイヴ自身も、エピクロスやウィトゲンシュタインに言及しながら、死はあらゆる経験の終わりであり、死を経験することはできない、と認めている（Cave 2017 (2012), 273–276）。

9) 死によって「大切な人」を亡くした状態である「死別（breavement）」において、感情的、認知的、行動的、生理的・身体的に様々な反応が起こることについて、例えば、坂口幸弘『悲嘆学入門』第 3 章を参照。（坂口 2010, 25–35）

10) 一人称、二人称、三人称それぞれの死の違いについて、ジャンケレヴィッチなどの議論を参照しつつ「死生学」という立場から考察したものとして、岩崎大『死生学』第 2 章第 1 節第 2 項を参照（岩崎 2015, 72–89）。

# 参考文献

Cave, S. 2017 (2012): *Immortality: The Quest to Live Forever and How It Drives Civilization*, New York: Skyhorse Publishing, reprint with Foreword by Michael Shermer, first published by Crown Publishers, 2012.（スティーヴン・ケイヴ 2021：『ケンブリッジ大学・人気哲学者の「不死」の講義：「永遠の命」への本能的欲求が、人類をどう進化させたのか？』柴田裕之（訳）、日経 BP）。

Dworkin, R. 1994 (1993): *Life's Dominion: An Argument about Abortion, Euthanasia, and Individual Freedom*, New York: Vintage Books, with a New Preface for the Vintage Edition, originally published by Knopf, 1993.（ロナルド・ドゥオーキン 1998：『ライフズ・ドミニオン：中絶と尊厳死そして個人の自由』水谷英夫／小島妙子（訳）、信山社）。

Kagan, S. 2012: *Death*, New Haven and London: Yale University Press.（シェリー・ケーガン 2019：『「死」とは何か：イェール大学で 23 年連続の人気講義［完全翻訳版］』柴田裕之（訳）、文響社）。

Rachels, J. 1986: *The End of Life: Euthanasia and Morality*, Oxford: Oxford University Press.（J・レイチェルズ 1991：『生命の終わり：安楽死と道徳』加茂

直樹（監訳）、晃洋書房）。

Ruddick, W. 2005: ""Biographical Lives" Revisited and Extended," *The Journal of Ethics* 9, 501–515.


有馬斉　2019：『死ぬ権利はあるか：安楽死、尊厳死、自殺幇助の是非と命の価値』春風社。

岩崎大　2015：『死生学：死の隠蔽から自己確信へ』春風社。

小松美彦　2018：「〈いのち〉はいかに理解されるか：科学的生命観と人生論的生命観」香川知晶他『〈いのち〉はいかに語りうるか？：生命科学・生命倫理における人文知の意義』学術会議叢書24、日本学術協力財団、55–115。

坂口幸弘　2010：『悲嘆学入門：死別の悲しみを学ぶ』昭和堂。

清水哲郎　2002：「生物学的〈生命〉と物語られる〈生〉：医療現場から」『哲学』53、日本哲学会（編）、法政大学出版局、1–14。

清水哲郎　2015：「物語られるいのちと生物学的生命 再考」『哲学雑誌』130（802）、哲学会（編）、有斐閣、1–24。

# Some Aspects of Biographical Lives and the Second Person Immortality

## by OGASAWARA Fumiki

In his work entitled *Immortality*, a contemporary British philosopher, Stephen Cave, shows that beneath various stories about immortality there are just four basic forms. He calls them the immortality narratives, which include the staying alive narrative, the resurrection narrative, the soul narrative, and the legacy narrative.

In this paper, I examine Cave's four immortality narratives by applying the concept of 'biographical lives', and suggest that problems about life and immortality, which are usually understood mainly from the first person's viewpoint, can be reconsidered from the second person's viewpoint.

First, I explain Cave's four immortality narratives briefly, and interpret them as narratives of life. The four immortality narratives can also answer the question 'what is life.' Secondly, I focus on James Rachels' distinction between two meanings of 'life.' Rachels distinguishes biological lives from biographical lives. Although he identifies biographical lives with conscious lives, biographical lives can be understood differently from the second person's or third person's viewpoint. Thirdly, I examine Cave's immortality narratives again and point out some aspects of biographical lives. Fourthly, I consider Cave's mortality paradox critically and reconstruct the paradox from the second person's viewpoint. Finally, I show the possibility of interpreting Cave's immortality narratives as second person's immortality narratives.

〈論文〉

# 山田宗樹『百年法』論
## ——長く生きるのはよいことか——

横濱　佑三子

## 1. はじめに

　作家の山田宗樹は SF ミステリー小説『百年法』(2012) で、不老化技術の発明により、実年齢が百歳を超えても国民がいつまでも若々しくいられる生活を享受する架空の日本社会を描いた。作品タイトルにもなっている「百年法」とは「生存制限法」の通称で、「不老化処置を受けた国民」(9)[1] は「処置後百年を以て生存権をはじめとする基本的人権」(9) を放棄しなければならないという、国民個々人の寿命を制限する法律であると作中で説明される。本作は、この「百年法」施行をめぐって起こる政治的策略や百年という寿命を突きつけられた国民の感情の変化を描いている。

　評論家の大森望は、「未来社会に託して、"いま、ここにある問題"を描くことは、SF の基本的な機能のひとつ」と述べたうえで、本作は「原発再稼働をめぐる問題や消費税増税騒動、生活保護の不正受給、死刑制度廃止論議、ワーキングプア、監視社会など、いまの日本が抱えるさまざまな問題に、まったく新しい角度から光を当てる」(大森 2012, 19) と評価している。本作は、上下巻で 900 頁を超える長篇であり、大森が挙げているような社会問題が、さまざまに織り交ぜられながら、ストーリーが展開される。本稿で、筆者が注目したいのは、不老化技術の普及によって、現代日本と同様な少子高齢化にともなう高齢者問題が描かれている点である。長く生きること、言い換えるならば、寿命の延伸によって起こる社会問題が、本作では不老化設定が置かれることで強調され、また、社会問題だけではなく、その社会で生きる個人にも、長く生きられるようになったことによる不安や、にもかかわらず社会の経済悪化解消のために死を求められることによる、実存的な問題が描かれている。

　本稿では、『百年法』が、現実の社会問題が深刻化した場合に起こるかも

しれない、不老化技術が普及した架空の近代日本における社会システムの変容を、実験的に描くことで、社会と個人の間にある死生観の相違を描き出していることに注目したい。それと同時に、誰もが疑わないはずの「生きるのはよいことである」という価値観や生命の尊厳が、本当にそうであるのかが疑われ、本作の社会と個人は「死」を選ぶという価値観の転換があえて描かれていることにも着目したい。

　以上のことから、本稿では、『百年法』の作品分析を通して、社会システムの変容とそこで生じる個人の実存的な問題、そして、それらを合わせて本作ではどのような死生観が描き出されているのかを論じたい。構成として、2章では、現実の社会問題と作品世界をつなぐ概念として「迷惑」の意識についての先行研究を整理し、3章で、その意識が文学のなかでどのように人間の死生と結びつき描かれているのかを、近年の介護小説の展開から考察する。そして、4章と5章で本作の分析を社会的側面と実存的側面から行う。最後に、現実とは異なる死生観への転換がどのように本作では表現されていたのかをまとめる。

## 2.「迷惑」の意識

　前章で述べたように、『百年法』が社会と個人の双方の視点により、現実の日本社会に通ずる問題を描いていることから、本稿では、ふたつの視点と社会問題を焦点化するために、近年、社会学や医療福祉分野などの研究で扱われている高齢者の「迷惑」の意識に注目したい。「迷惑」は、個人の口からでる言葉としてだけではなく、昨今の社会における空気感としても感じられるものだと筆者は考える。また、「迷惑」という言葉ひとつでも、生きているうちなのか死後にかけるかもしれない「迷惑」なのか、また、個人に自覚される感情なのか、他者を「迷惑」と判じる意識なのか、さまざまな視点があることが推測できる。

　その中でも、本章では、私的領域と公的領域の二側面から、個人が抱く「迷惑」と、社会が生む、他者を「迷惑」と判じる意識に焦点をあて、現代日本社会における「迷惑」をめぐる言説を簡単にではあるが整理したい。

## 2.1. 家族と「迷惑」――私的領域におけるケア

　老年学を専門とする池内朋子らは、文献レビューから、高齢者が抱く「迷惑をかけたくない」という思いについて、家族や医療・介護従事者など「迷惑をかけたくない『対象』」がまず存在していて、高齢者はそれらの人々と良好な関係を保ちたいために、「迷惑をかけたくない」と口にし、自分のニーズよりも「対象」への配慮を優先させると分析している（池内他 2022, 95）。

　また、宗教社会学者の諸岡了介は、家族や医療・介護従事者といった身近なケア関係だけではなく、現代日本の社会制度が、高齢者が口にする「迷惑」と関連していると指摘している。諸岡は、「現在の社会制度は、自律的な個人の間の契約関係を構成原理として前提しており、それとは相容れないケア関係を、私的領域に追いやるというかたちで排除している」（諸岡 2019, 34）。そのため、「ケア関係をめぐる『迷惑』が、特に経済的問題との関連で語られがちであることも不思議ではない」（諸岡 2019, 37）と述べている。なぜ経済的問題と関連するのか、諸岡の論をさらに確認すると、「現在の社会制度」は自律した個人を前提とするために、高齢者に社会保障制度を利用することへの「迷惑」を感じさせやすく、また、家族が介護のために離職をするなど、私的領域におけるケア関係に「精神的・経済的・社会的な負担」（諸岡 2019, 37）を強いるものであるためだという。

## 2.2. 社会保障と「生産性」――公的領域におけるケア

　高齢者が社会保障制度を利用することは、実際には「迷惑」といえるものではないだろうが、それでも、「迷惑」という意識がおこる背景には、近年、メディアを通して聞く機会が増えた高齢者問題が影響していると考えられる。現在の日本社会では、少子高齢化にともなう社会保障制度の財政不足が今後の経済的問題のひとつとされ、現役世代の負担増大が懸念されている。それがどの程度であるかは単純に計算できないにしろ、社会を覆う空気感として、高齢者は社会保障費を増大させ現役世代に「迷惑」をかける存在であるとみなす見方があることは否定できない。また、他者を「生産性」がなく社会に「迷惑」をかける存在としてみなすことの危うさは、現代日本社会の喫緊の課題として指摘されるところだろう。

## 2.3.「迷惑をかけたくない」という死生観

　以上のように、高齢者は家族という私的領域における関係だけに「迷惑」を感じるのではなく、社会への「迷惑」を感じている。また、公的領域におけるケアに目を向けると、社会保障制度を必要とする高齢者に対して、社会に「迷惑」をかける存在だと他者が判じる場合もある。そして、そのような社会の空気感が、社会に「迷惑」をかける自分という価値観を高齢者に内面化させてしまう危険性がある。

　これらの「迷惑」の意識がどのように「死」とつながるのか。諸岡は、在宅ホスピスで家族を看取った遺族を対象に調査をおこない、「死について感じたこと、考えたこと」という自由記述式の設問の回答から、「迷惑」と現代日本人の死生観との関係について論じている（諸岡 2017, 79）。諸岡は、「迷惑」の意識と「死について考えたこと」のつながりについて、遺族においては、「自分自身の問題」として、家族を介護した経験から、「死に至るまでの過程においてかけるかもしれない『迷惑』」（諸岡 2017, 92）に関心が集中し、「死」がどのようなものであるかについては、「焦点化されて意識されているとは限らない」（諸岡 2017, 92）と分析している。そして、この要因としては、2.1 で挙げた諸岡の研究（2019）に示されたような、「迷惑」の意識が介護・経済負担といった現実問題と結びつきがあることが示唆されると述べている。

　現実的な問題として、高齢者は「迷惑」を口にするし、「死にたい」という言葉さえ聞かれることもある。また、高齢者の例ではないが、他者の生命を「生産性」がないと判じて殺害した相模原障害者殺傷事件のような例もある。つまり、現在の時点では、「迷惑」の意識が実際的な「死」と結びつくことは少ないにしても、いずれ、長く生きて迷惑をかけるくらいなら死にたい、あるいは、長く生きて社会に迷惑をかけるひとには死んでほしいという意識が、ひとびとの心に生じることがないとはいえないと筆者は思う。

　このような関心から、現実の社会問題だけでなく、高齢者介護を扱った文学作品に目を向けると、少子高齢化を背景に、「迷惑」の意識から、被介護者が、長く生きていることが家族・社会の「迷惑」になるから死なせてほしいと考えるかたちで、また、介護者あるいは社会制度が、高齢者が長く生きているのが「迷惑」だから死なせるというかたちで、今日的な「迷惑」の意

識と地続きにあるかもしれない死の可能性を表現している作品が、すでに発表されている。ここに、文学作品を死生学的に扱う意義があると筆者は考える。次章ではそのような作品群の展開について概観してみたい。

# 3. 日本近現代文学における〈高齢社会と介護〉

本章では、近代日本文学における介護小説の展開を概観する。そして、現代社会における高齢者問題、特に経済的・社会的負担を理由に、高齢者を死に追いやる、また、高齢者の死を願う様を描いている作品の例として、『ロスト・ケア』（2013）と映画『PLAN75』（2022）を確認する。

## 3.1. 高齢者介護を扱った作品の展開

介護小説の嚆矢として知られるのは、有吉佐和子『恍惚の人』（1972）である。『恍惚の人』はベストセラーとなり、当時は一般的に知られていなかった、認知症高齢者の在宅介護をリアルに描いたとして評価されている。『恍惚の人』の出版と同年の新聞記事には、介護をうける茂造の姿が多くの読者に「ああはなりたくない」という気持ちを呼び起こさせ、その影響か、長患いをせず家族に世話をかけずにぽっくりと死ねるように祈願する「ぽっくり信仰」が流行した（『朝日新聞』1972, 1）と書かれている。また、有吉は本作を入念な調査をもとに執筆しており、本作には、人間が老いゆく姿だけでなく、1970年代当時ではまだ社会的に問題視されていなかった、高齢化社会の進行や、特に家庭での女性の介護負担の深刻さが描かれている。『恍惚の人』に続く介護小説として代表的なのは、佐江衆一『黄落』（1995）で、日本近現代文学を専門とする米村みゆきと佐々木亜紀子は、「家父長的な部分を残す鈍感な主人公が設定されることで、介護のジェンダー的問題を暴いているテクスト」（米村／佐々木 2015, 18）と評価している。

このように、人間に普遍的な老いや、規範化された女性役割が、介護小説で主に描写されていたといえる。一方で、米村と佐々木は、深沢七郎『楢山節考』（1957）や円地文子「猫の草子」（1974）など「主人公が自死を選ぶ作品」を例に挙げながら、「介護を拒むシステムや心情の検証も、今後の〈介護小説〉の研究課題である」（米村／佐々木 2015, 32）と述べている。また、2010年代以降の介護小説のテーマの傾向として、文学研究者の原朱美は、

葉真中顕『ロスト・ケア』(2013) や羽田圭介『スクラップ・アンド・ビルド』(2015) などを挙げながら、「介護が描かれるなかで直接的、間接的に尊厳死がかかわってくる小説が増加」(原 2021, 234) していることを指摘している。

## 3.2. 早められる高齢者の死期——『ロスト・ケア』と『PLAN75』

特に、『ロスト・ケア』には、介護というケアが私的領域に追いやられたことによって介護者が困窮し、その結果、引き起こされた被介護者の殺害が描かれている。また、早川千絵監督『PLAN75』(2022) は、高齢者を社会から巧妙に排除しようとする制度が、なんの疑いもなく受け入れられている社会の不穏な空気感を描いている。

① 葉真中顕『ロスト・ケア』(2013) ——家族介護における経済的困窮からの殺人

『ロスト・ケア』は、検察官・大友が、介護士・斯波が起こした高齢者大量殺人事件の真相解明を目指すミステリー小説である。斯波は、彼自身が勤める介護センターの利用者の中から、介護によって困窮している家庭を選び、被介護者である高齢者を殺害して、この行為は「死」によって被介護者とその家族を苦しみから救う喪失の介護＝「ロスト・ケア」だと主張する。斯波の犯行の背景には、彼自身が、認知症の父親の在宅介護を経験したことで、「生き長らえるだけで尊厳が損なわれる状態に陥っているなら死を与えるべきだ」(葉真中 2015, 340) という信念をもち、父親の「もう十分だ。殺してくれ」(葉真中 2015, 340) という言葉から「殺すことで、父に報い、そして自らも報われるのだと思」(葉真中 2015, 341) い、実際に父親を殺害したことがある。

本作品では、「ロスト・ケア」事件の真相解明を主軸に物語が展開されながらも、作品終盤、なぜ斯波はこのような事件を起こしたのかについて、前述の動機だけではなく、被害者四十三人という大量殺人を起すことによって介護で苦しむ人を生む社会を批判し、「人が人の死を、ましては家族の死を願うことのないような世の中」(葉真中 2015, 365) をつくることにつなげるのが、むしろ本意であったことが描かれる。『ロスト・ケア』の物語はもちろんフィクションだが、作品舞台は現代日本で、高齢者問題にも言及があ

る。本作は、作品世界における実際的な経済問題や介護苦から被介護者・介護者双方に苦しみがあり、そのどうにもならない現状から被介護者の死が選択肢として浮上してしまうことをあえて描いている。

② 早川千絵監督『PLAN75』（2022）──高齢者の社会的排除

　作品舞台は「少子高齢化が一層進んだ近い将来の日本」で、物語は、財政問題を解消するために「満75歳から生死の選択権を与える制度〈プラン75〉が国会で可決・施行された」（映画『PLAN75』公式HP）ことで、選択を迫られる78歳の角谷ミチを主人公として展開される。作品冒頭では、相模原障害者殺傷事件を彷彿とさせる場面があり、犯人と思われる猟銃をもった血に濡れた若い男性を映しながら、「増え過ぎた老人がこの国の財政を圧迫し そのしわ寄せは全て若者が受けている 老人たちだってこれ以上社会の迷惑になりたくないはずだ なぜなら日本人というのは昔から 国家のために死ぬことを誇りに思う民族だからだ」とモノローグが流れる。

　作品の中には、主人公のミチが、高齢を理由にした雇用の打ち切りにあったり、生活保護の間口の狭さを感じたりする場面がある。そして、高齢者の「生」を支援する制度の少なさと対比するように、選択的な「死」を支援する「プラン75」制度は積極的に広報活動がなされている様が描写され、「満75歳から生死の選択権」といいながら、社会経済のために高齢者に暗に死を選択させるようにしむける社会的圧力が、本作品から読みとれる。

### 3.3. 生死の選択を強いる社会

　両作品は、私的領域にケアを追いやる現代日本社会の現状に警鐘を鳴らすようなテーマをもつといえそうである。例えば、『PLAN75』では、生死の選択を迫られる高齢者と、選択を迫る制度に疑問を持たずに「プラン75」制度を希望する高齢者を支援する若者という対比がある。そして、両者の個人的側面からの交流により若者が制度への違和感を抱く様が描かれ、社会的な大義に隠された、ひとりひとりの生への想像力のなさを問いかけている。そして、『ロスト・ケア』には、家族を斯波に殺害されたケア者の女性が、「〈彼〉に対する怒りも憎しみも涌くことはなかった」（葉真中 2015, 12）。むしろ「救われた」と思ったと述懐する描写がある。つまり、前者は、他者の生命への想像力のなさから「生産性」という一点で生命の価値を判じよう

とする傲慢さを、後者は、家庭内で起こる介護をめぐる葛藤が社会において認知されていない様を指摘するかのような作品であると言い換えることもできる。

　また、両作品は、ケアを必要とするひとの死を積極的に早めることによって経済的問題を解消するしかないという展開をあえて描いている。この点が、現代日本社会において「迷惑」と「死」が結びつき、高齢者が長く生きているのが「迷惑」だから死なせるという発想が生まれたときに起こるかもしれない出来事を、小説や映画というフィクションならではの方法で描いている部分だと筆者は考える。

　一方で、自らの存在が社会にとって「迷惑」と判じられ、死期を早めることが望まれるような立場のひとは、何を思うのだろうか。介護小説の傾向として、主人公にケア者や医療者がおかれ、「認知症」を患う高齢者の介護がテーマとなることが多いように思われる。そのため、被ケア者の視点から内面を掘り下げるものは少ないかもしれない。つまり、現状において「迷惑」と判じられる可能性のある高齢者から、そのようにいわれることでの葛藤や心情を描いた作品は多くはないように見受けられる。『PLAN75』の例はあるが、この作品では現行の社会制度として「プラン75」が機能している設定のため、75歳以上の高齢者であるミチの意思決定の余地は多くはない。これに対して、『百年法』では、「迷惑」とされる「百年法」適用者の認知機能に問題がないこと、さらに、国民投票というかたちで「迷惑」をかけるとされる立場にあるひとに意思表示の機会があることが、本章で挙げた介護小説の傾向とは異なるといえそうである。このように、『百年法』には、長く生きることで、社会に「迷惑」をかけていると判じられ、死期を早めることが望まれるような立場の側からの心情を読み解く手がかりがあり、筆者はそこに『百年法』を分析対象とする意義のひとつがあると考えている。

## 4. 経済問題解消のため死——社会的側面から

　『百年法』においては、不老化技術が実現・普及したことで、私たちが一般的にイメージするような高齢者はほぼ存在しない。国民のほとんどが健康で自立・自律した生活を営めるため、日常生活における介護が必要とされず、前章で引用した米村と佐々木が示す「介護のない世界」（米村／佐々木

2015, 32）が『百年法』で描かれる世界である。一方で、社会経済の悪化を背景に、『PLAN75』の「個人に生死の選択をさせる制度」と類似の「百年法」施行をめぐり、国民ひとりひとりに生死の選択が問われる様が描かれる。また、本作は、「百年法」施行をめぐる展開を、社会と個人のふたつの軸から描いている。そのため、本稿でも、なぜ「百年法」施行が求められるのかを、社会的側面と個人の実存的側面から分析する。

　作品の分析に入る前に、ここで『百年法』の世界観を基礎づける作中の歴史について整理しておきたい。本作は、実際の太平洋戦争からの日本の歴史に、虚構の出来事を織り交ぜて、作品独自の歴史を設定している。それは、次のようなものである。

　1945 年に太平洋戦争が終結して日本はアメリカの占領下に置かれ、政治体制が共和制に変化した。その後、アメリカとソビエト連邦の冷戦が進む中で、太平洋戦争によって激減した労働力の確保と国力回復のために、アメリカで実現していた不老化技術が日本に導入される。これと同時に、アメリカで施行されていた「百年法」が日本でも成立した。

　物語の開始はこのような歴史をたどった 2048 年の日本で、「百年法」の初年度適用者が現れるまで残り一年を切った頃である。

　『百年法』は全四部から成っていて、第一部から第二部（上巻）では、「百年法」の一時凍結から施行後までのストーリーが展開される。第三部から第四部（下巻）では、不老化技術の副作用による突発性多臓器ガンの発症と、国家の衰退をどのように食い止めるかが中心的なテーマとなっている。作家の佐々木譲は、「『人口増』のシミュレーション小説だった物語が、後半いきなり突発性多臓器ガンが出現することで『人口急減』の終末もの小説に変わってしまう」（佐々木 2013, 19）と、上巻・下巻の間のテーマの破綻を指摘している。これについては筆者も同意するところで、本稿では、上巻を中心に作品分析を試みたい[2]。

　上巻における「百年法」施行をめぐる展開の結果を先取りすると、「百年法」は国民投票で賛成を得て施行される。しかし、社会的側面と個人的側面において、それぞれ異なった動機で「百年法」の施行が望まれるのが、本作において興味深い点であると筆者は考える。本章では、不老化技術の普及によって生じた社会問題を、次章では、そのような社会で生きる個人が抱く実存的な問題を整理する。

## 4.1. 老いない身体・老いる心

　作中世界では、不老化技術を受けずに歳を重ねる国民は稀で、ほとんどは若年のうちに不老化技術を受けて、その後は何歳になっても若々しい姿でいられる。そのため、「子供が老親の面倒を見るという慣習も意味を成さなくなり」(96–97)、家族関係が変化して、結婚と離婚を繰り返す〈ファミリーリセット〉という夫婦・親子関係の解消が一般的になっている。また、不老化技術導入時にすでに高齢であったひとが、徐々に病死などで亡くなったことで、本来の意味での高齢者が身近な存在ではなくなり、「〈老い〉という概念」(97) が過去のものとなりつつあることが描かれる。これに加えて、〈IDカード〉による個人単位での情報管理システムが導入され、戸籍制度が廃止されたことで「〈家族〉という概念」(97) も失われたことが説明される。

　このようにみると、老いない身体になることは、誰もがいつまでも自立・自律して生きることを可能にしたともとれる。しかし、本作では、老いない身体に対して「老いる心」が、社会問題の原因のひとつとして描かれる。「老いる心」とは、何十年と歳を重ねることで新たな驚きが得にくくなる、人生への飽きのようなものであると表現される。そして、これが4.2で説明するように、社会の発展を阻害するというのである。

## 4.2. 国民の生存期間を制限する法律——「百年法」

　なぜ「百年法」という国民の生存を制限する法律を制定しなければならない状況にあるのか。その具体的な理由はふたつ示されている。ひとつめは、不老化技術の普及と同時に官庁や民間企業で定年制が廃止され、組織内での人材の新陳代謝が滞り「イノベーションの土壌」(105) が失われたことである。ふたつめは、不老化技術の普及によって〈高齢者〉[3] 人口の減少ペースが落ち、〈高齢者〉らが社会参加し続けることによって、新たに社会参加する若者世代の雇用の場が奪われていることである。

　これらを解決するために、国民の寿命に百年という区切りを設けて制限することが合理的であると、政治的に判断されたことが作中では描かれる。例えば、「百年法」施行推進の背景として、〈高齢者〉が社会参加し続けることが原因ならば、定年制度を復活させるなど、まずは穏当な施策が検討されるべきとも思える。しかし、社会にはすでに社会保障を充実させる経済的余裕

がないこと、そのうえ、人口はますます増加を続けるだろうことが、穏当な政策では問題が解決されない背景としてある。

そのため、「百年法」適用者には〈ターミナルセンター〉と呼ばれる施設での安楽死が義務化されている。作中の言葉では、「百年法」のもとでは、「不老化処置を受けた者は百年を経過した時点で生存権を失う」（147）ことから、これに該当する国民は国家の社会保障制度の対象者ではなくなるということを意味する。

一方で、「百年法」適用者の中には生き延びることを望む者もいて、ある者は「拒否者ムラ」と呼ばれるコミュニティを形成して自給自足の生活を隠れながら営んだり、「百年法」違反者は社会参加に不可欠な〈IDカード〉が停止されるため、〈違法IDカード〉を手に入れて裏社会で生き延びたりという様が描かれる。これを取り締まらなければ、治安が悪化する懸念があり、また、守られない法律に意味がないため、国家の側からは問題視されている。

### 4.3. 若者世代への「迷惑」

このように〈高齢者〉は社会の発展を阻害する存在として扱われるが、一方で、一般市民の生活レベルでは、どのように〈高齢者〉の「迷惑」が感じられているのだろうか。それは、〈ユニオン〉における若者世代の雇用減少の問題を通して描かれる。

『百年法』の世界では、自分の才覚を活かして自由に職業に就く者と、〈ユニオン〉と呼ばれる公営組織に所属して仕事を得る者がいることが描写される。〈ユニオン〉とは、「下層労働者の生活を安定させることを目的に設立された巨大な公営組織」（42）で、これに加入できれば、終身雇用が原則で、毎月生活費が支給される。農作業や工場勤務など各セクションに分かれた後は仕事内容が選べなかったり三カ月に一度の転勤があったりと不便な点もあるが、「能力の如何に拘らず」（43）、「働く意欲さえあれば、一定レベルの生活が一生保障される」（44）ことが〈ユニオン〉の魅力であることが作中で説明される。

そのため、〈ユニオン〉への加入希望者は多いが、欠員がでるのは、自殺・事故などによる加入者死亡の時しかないため、後から不老化技術を受けた若者世代の加入が困難である。若者世代から、「百年法」施行をめぐる国民投

票の折に期待されたのが、「百年法」適用による会員減少と、それによって自分たちの加入の機会が増すことである。しかし、このような若者世代の期待に反して「百年法」は一時凍結され、すでに悪化していた景気の回復も見込まれず国内に失業者があふれ、その大半が若者であったことが描写される。そして、その当時の社会の空気感は「不穏」なもので、期待を裏切られて「絶望した若い人たち」（308）によって全国的なデモ行為が起こされたことが語られる。

　現実の日本社会と本作で描かれる社会を照らし合わせてみると、どちらも少子高齢化に端を発して社会経済問題が起こっている。本作では〈不老化技術〉の設定によって、〈高齢者〉の雇用優遇ともいえる状況ができあがり、若者世代の就職難が起こり、そのうえ社会全体での景気低迷によって雇用創出・拡大も望めないことが、特に対処が必要な社会問題として描かれている。高齢者の雇用政策が促進される一方で、若者が労働市場から締め出されるという高齢社会における雇用問題は、現実にも起きているものである。

　他方で、「迷惑」という観点から現実と本作で起こっていることの違いをみると、本作では、経済問題の解消のための社会政策として「百年法」施行が推進され、〈高齢者〉が長く生きているのが「迷惑」だから死なせるという方針がとられているにも関わらず、「迷惑」と判じられる側は、長く生きていることが社会の「迷惑」になるから死なせてほしいとは考えていない。この理由には、〈高齢者〉が〈ユニオン〉加入を自分たちの権利であると自覚していることや、自立・自律した生活を営めていることがあり、この点が現実社会の高齢者との違いであると考えられる。

　しかし、本章の冒頭で述べたように、〈高齢者〉は結果として「百年法」施行を受け入れるのであり、社会への「迷惑」の意識によらないのなら、他にどのような理由からこのような決断がなされたのか。次章では、社会に対置される個人の側面から論じる。


## 5. 永遠に生きないための死——実存的側面から

　「百年法」施行が支持された背景には、「永遠の生」によって変化した社会で生きるなかで、国民個人に生じた実存的問題があると筆者は考える。端的

にいえば、永遠に近い時間を生きられる老いない身体を得たことで、かえって死にむかっていく心情を抱かせる、「永遠に生きるかもしれない」(225)不安である。

本章では、『百年法』の社会で生きる国民の視点として、不老化技術を受けたのちに死を選んだ二人の女性、仁科蘭子と、蘭子の同僚・篠山のエピソードから、「永遠に生きるかもしれない」不安がどのように表現されているのかを分析する。

## 5.1. 国民投票システム

『百年法』の社会で特徴的なのは、前章のはじめにふれたように共和制が敷かれていることであり、これによって「百年法」施行の可決・凍結をめぐって作品上巻では二回の「国民投票」が行われる。国民は、自分たちの生存期間の制限を認めるのか否かを、投票によって選択しなければならず、これによって「死ぬタイミング」を自ら選択しなければならないことによる苦悩・混乱が浮かびあがると考えられる。

また、この苦悩・混乱を助長させるものに、不老化技術の普及によって「〈死〉は極めて稀な現象になった」(33)ことがあると思われる。『百年法』の社会では、「身近な死に接する機会はほとんどない。そのせいか、死亡事故や殺人事件のニュースが、やたらと関心を惹く。〈死〉とはなにか。人々はメディアを通して想像を働かせ、興奮するらしい」(34)というように、「死のポルノグラフィー化」が起こっているような描写がある。不老化技術によって人が死ななくなり〈老い〉や〈家族〉の概念が消えて、死に接する機会が激減したときに、突然、「人々が自分の死を現実のものとして意識」(218)させられ、「死ぬタイミング」の選択を迫られたら、どのように感じるだろうか。差し迫った死が突きつけられ、取り乱し、強い不安を抱いたとしても不思議ではない。

## 5.2. なぜ永遠の生が望まれないのか

国民投票というシステム上、自らの生死を決める選択を迫られ、それによって強い不安を抱いたとしても、反対票を投じることはできる。物語の展開として、現に、一度目の国民投票では「百年法」施行への反対票が上回り、一時凍結される。しかし、二度目の国民投票で「百年法」は可決され

る。この展開からは、一度目と二度目の国民投票の間に、国民側に何らかの心情の変化があったことが読みとれる。その変化とは「百年法」が凍結されてはじめて切実に実感させられた、不老化技術を受けているがために「永遠に生きるかもしれない」不安なのではないか。

　このような不安・恐怖から、どのような死が選択されるのかを、篠山と蘭子のエピソードの比較から考えたい。

① 蘭子の同僚・篠山の自殺
　篠山は、「百年法」の初年度適用者で、「彼女はそのことを悲しんで、自暴自棄にさえなっていた」(283)。しかし、一度目の国民投票では「百年法」施行が一時凍結され、その結果に、彼女は「これで生きられる、死ななくて済む」(283) と喜んだが、その後から様子がおかしくなる。蘭子が何かあったのか尋ねると、「わたし、どうしたらいいんだろう」(284) と「ぼんやりとした顔で、一言だけ答えた」(284)。そして、「百年法によって安楽死するはずだった日よりもずっと早く、自分で死んでしまった」(284)。

　作中で、篠山の自殺の明確な理由は明らかにされない。蘭子は彼女の真意を測れないながらも、「人間は、無限の時間を生きるには、複雑すぎる生物だって。人間は、いつか死ななきゃいけない。死ぬべきなんだ。その時期を逃したら、残るのは——」(284–285) と胸の内を語る。また、篠山の例のように個人レベルで起こったのではなく、社会全体としても、「百年法」施行の一時凍結後、「全国的に自殺者が急増し」(284)、「その大半は、初年度に適用対象になるはずだった人だ」(284) ということが語られる。

② 蘭子の〈ターミナルセンター〉での安楽死
　これに対して、蘭子は、篠山の死から約二十年後に、「百年法」適用の年を迎えて〈ターミナルセンター〉で安楽死する。その前夜、蘭子は、母親の心に死を前にした迷いがあることを感じた息子・ケンから、「百年法」に従わず一緒に逃げようと言われる。しかし、蘭子は「あんたを犯罪者にするくらいなら、あたしはいますぐ自殺する」(365) と答える。そして、ケンに、「死ななきゃいけない日がはっきり見えてからは、いままでと違う感じ方、生き方ができたような気がするんだ」(366)、「あたしは、自分の人生に満足してる」(366) と伝え、安楽死を受け入れる。

③　篠山の自殺と蘭子の安楽死の違い

　不老化したにもかかわらず死を選んだ篠山と蘭子の選択は、どのように理
解できるだろうか。ここで、作品内では登場しないが、エミール・シオラ
ンの自殺についての思想[4]を手がかりにすることで、彼女たちの「自殺」と
「死」を考えたい。

　シオランは『悪しき造物主』（原著 1969）で、自殺の衝動性について、次
のように述べている。

　　　生に決着をつけたいという欲望を感ずるとき、それが強いものであれ
　　弱いものであれ、私たちはその欲望について考え、それを説明し、自分
　　に対して説明することを余儀なくされる。しかも、欲望が弱いときはな
　　おさらである。というのも、欲望が強烈なものでありすぎると、それは
　　精神を占拠し、欲望を考察したり、避けたりする間も余裕も精神に残さ
　　ないからである。（シオラン 1984, 80）

さらに、シオランは「死は必ずしも解放とは感じられない。自殺はつねに解
放であり、つまりは救済の極点、発作である」（シオラン 1984, 80–81）と
も述べていて、自殺が「生に決着をつける」という「解放」の方法であると
読める。

　ふたつめの引用部の「死」と「自殺」の違いについて、哲学研究者の大
谷崇は、「死」には「望まれない死が存在する」（大谷 2020, 110）一方で、
「自殺」は「程度の差はあれ、つねに望まれた、私たちのほうから進んで死
のほうへ歩みよる、意志的な死だ。だからそれはつねに解放なのだ」（大谷
2020, 111）と解き、「かたや人生が終わってしまうという恐怖がある。かた
や人生を終わらせることができるという安堵の心がある」（大谷 2020, 112）
と述べている。

　改めて篠山の自殺について考えると、彼女が「百年法」の一時凍結直後に
唐突に自殺をしたように、永遠に生き続ける可能性にふいに「どうしたらい
いんだろう」と不安を抱き、そこに「生に決着をつけたいという欲望」が含
まれていたのなら、「自殺」という観念が強い衝動性をもってあらわれたと
しても納得がいく。また、篠山にとっては、「百年法」適用まで約二十年の

時間が残る蘭子よりも死が差し迫った問題としてあり、蘭子よりも混乱が強かったと想像できる。

そして、蘭子の場合、篠山の自殺のように、衝動的に死へと向かうのではないにしろ、彼女も最終的には自らの死を決断するのであり、やはり「永遠の生」を前にしたときに現れる不安や「生に決着をつけたいという欲望」の存在がみてとれる。

不老化技術によって実現した「永遠の生」は、いってみれば「不老不死」であり、これまでの歴史で人類が求めてきたもののひとつである。一方で、作中世界では、ここまでにみたように、手放しで不老不死が歓迎されている様子はない。先述したように蘭子が「人間は、いつか死ななきゃいけない。死ぬべきなんだ」と「死」にこだわるのには、不老化技術による「永遠の生」は蘭子自身が強く望んだものではなかったことや、〈老い〉や〈家族〉の概念が薄れた社会では「死」が身近ではなくなったことから、逆に、不安感や「息苦しさ」を解消するものとして「生の有限性」ともいえる「死」を望む気持ちがあったとも考えられる。

## 5.3. 家族への「迷惑」

最後に、個人的側面からの「迷惑」という感情が、本作で描かれていたのかを考えたい。本作は、4.1 で説明したように〈ファミリーリセット〉によって家族関係が希薄な世界で、主要登場人物の中で親子関係が描かれるのはケンと蘭子だけである。二人のエピソードにおいて、「迷惑」という感情がみられるのは、息子・ケンが違法な手段で〈ゴースト ID〉を入手して、蘭子の命を助けようとした場面である。しかし、入手は失敗し、息子の企てに気づいた蘭子は、「もし、あんたがほんとうにゴースト ID をここに持ってきて、その気になればずっと生きられることになったら、あたしはやっぱり迷っていたと思う。でもあたしは、それが嫌なんだよ」（282）。「生き続けることになったとして、あたしはいつ死ねばいいの」（283）とケンに言う。

この場面に加えて、前節の②での親子のやりとりをみると、蘭子は、ケンが自分の逃亡を助けることによって犯罪者になることがないようにと、つまり、自分が長く生きることのために息子に「迷惑」をかけるわけにはいかないと考えていたような心情が読みとれる。

　以上のように、蘭子や彼女の同僚・篠山の死からは、社会のために死ぬという心理は見いだしにくい。蘭子の死は、結果として「百年法」の通りに社会にとって〈よい死〉のかたちをとったが、内実としては、蘭子自身には社会のため、あるいは、〈高齢者〉である自分が「迷惑」をかける存在であるからという意識は読みとりがたい。また、篠山の例にしてもこの点は同じである。

　一方で、蘭子には、ケンに「迷惑」をかけてまで生きていたくないという感情があったことはみてとれる。しかし、再度、本作が「永遠の生」をテーマにもつことに着目してみると、ケンが止めたにも関わらず死んでいく蘭子の姿には、「百年法」に違反した場合、人間の尊厳を失って生き続けなければいけない怖さや、百年が、不老化技術による「永遠の生」によってもたらされた不安を終わらせるひとつの期限として、心情的に受け入れられやすかった可能性も否定しきれない。

## 6. おわりに——死期を早めることが許容される 『百年法』の作品世界

　以上のことから『百年法』の作品世界を振り返ると、本作にも、長く生きることによって社会・家族にかける「迷惑」は表現されているが、作中登場人物たちはそれをほとんど意識していないことがわかる。にもかかわらず、「百年法」施行は支持され、永遠に生きるかもしれないことの不安から、本稿で取り上げた登場人物たちは死を選ぶ。

　評論家の円堂都司昭は、作中で国民たちが「百年法」に従い死んでいく様について、「家族愛を失い、郷土愛が強調されるでもない国の不老の一般人が、なぜ国家からの死の要請に従うのか。長命への飽きや憂鬱だけでは説得的ではない」（円堂 2019, 234）と指摘している。筆者は、5章で不老不死が当たり前に存在することで、かえって死が望まれる状況が生まれたことが、形式的に国民が「国家からの死の要請」に従ったようにみえるのだと考える。あるいは、蘭子とケンの親子関係にみるように、「百年法」に違反することで家族に「迷惑」をかけることが理由となった可能性もある。しかし、蘭子にしても、その「迷惑」の意識だけが「百年法」に従う理由ではな

く、むしろ、「百年法」がなければ「永遠の生」が続くことの恐怖や、円堂が指摘するような「長命への飽きや憂鬱」が漠然とした不安として人生に付きまとうであろうことが、理由として大きいと考えた。

　このように本作は、人間として生死の選択を迫られたときに、何かひとつの理由からどちらかが選択されるのではなく、そこには不安や苦痛をともなう葛藤があるだろうことを描き出している。また、不老化技術の普及というフィクショナルな設定から、人間が長く生き、かつ死ににくくなったことで起こる、長く生きることは必ずしもよいとはいえず、死を選択することもあるという価値観の転換を、社会実験的に描いていることが、『百年法』の死生学的な意義のひとつであると考えたい。

　本作の分析を通して見いだせたのは、本作の世界では、われわれが生きる現実世界で「迷惑」の意識を生むような私的領域におけるケア関係が、蘭子・ケン親子の例を除き、基本的に成立していないことである。私的領域だけでなく、公的領域においても、「百年法」で生存権の停止が約束されているように、社会は個人の生命に責任を持てず、個人もそのような社会のために責任を負うことを意識していない。つまりは、「迷惑」という意識にとらわれずにいられるのが、『百年法』の作品世界のひとつの特徴だといえる。

　「迷惑」が意識されないのなら、自分は「迷惑」をかけるから死にたい（生きていたくない）という感情も起こらなくて、一見すると、よい傾向であるようにも思う。しかし、ケア関係がない世界は、家族や隣人関係などの意義が薄れ、他者の生に無関心になり、「百年法」のように死期を早める法律が許容されてしまうような、残酷な世界ともいえる。また、本作では、「迷惑」は意識されず、その感情に苦しめられることはないが、「迷惑」の意識と地続きではないところ、つまり、「永遠の生」による不安によって死の可能性と結びついているのが、本作と現実の社会とで異なっているところである。フィクション性が強い本作は、現代日本の社会問題を色濃く反映した『ロスト・ケア』や映画『PLAN75』と違い、文学表現を通してわれわれの生きる現在に警鐘を鳴らすような作品とは言えないかもしれない。しかし、強いていうならば、近年、ケアの倫理の議論で主張されているような、人間とは「他者に依存しなければいきていけない存在」（佐々木／光石 2019,11）として、社会における主体のあり方や他者とのつながりが見直されることがなければ、結果としては「迷惑」の意識が解消されたとしても、ひと

びとの生命は守られず、また、実存的な問題を前にしても、誰とも分かちあえず自分ひとりで苦しむしかないという、皮肉な世界が待っているということを、われわれは本作から学べるのではないか。

　付記
　本論文は、日本宗教学会第82回学術大会（2023年9月10日、東京外国語大学）での発表「山田宗樹『百年法』論－高齢者問題と現代日本人の死生観－」に加筆・修正したものである。

# 注

1) 本稿では、本作品（山田宗樹 2015：上巻）からの引用は（ ）でページ数のみ表記する。

2) 下巻では、急速な人口減少を前に独裁的な政治体制へと移行する様や、突発性多臓器ガンによって実質的な不老化技術の破綻の描写などがみられ、作品分析には他の問題設定が必要と考えられるため本稿では扱わず、別稿を準備する予定である。

3) 本稿では、『百年法』で表現される不老化技術を受けたことによって肉体的には老いないが年齢を重ねている者のことを、現実世界における「高齢者」と区別するために、〈高齢者〉と表記する。

4) エミール・シオラン（1911–1995）は、ルーマニア生まれの思想家で、近年では、『生誕の災厄』（原著 1973）に代表される誕生の否定の思想で注目されている。シオランは、デビュー作『絶望のきわみで』（原著 1934）から生涯をとおして自殺について論じている。

# 参考文献

池内朋子他　2022：「対人関係における高齢者の『迷惑をかけたくない』思い：文献研究による検討」『応用老年学』16（1）、89–98。

円堂都司昭　2019：『ディストピア・フィクション論』作品社。

大谷崇　2020：『生まれてきたことが苦しいあなたに：最強のペシミスト・シオランの思想』星海社。

大森望　2012：「書評：『百年法』上・下」『本の旅人』18（8）、18–19。

佐々木亜紀子／光石亜由美　2019：「はじめに：〈ケア小説〉から見えてくるもの」佐々木亜紀子他（編）『ケアを描く：育児と介護の現代小説』七月社、7–27。

佐々木譲　2013：「山本周五郎賞選評」『小説新潮』67（7）、10–27。

シオラン、E・M　1984：『悪しき造物主』金井裕（訳）、法政大学出版局。

葉真中顕　2013：『ロスト・ケア』光文社（2015：光文社文庫）。

原朱美　2021：「文学で描かれてきた『よい死』：安楽死・尊厳死の拡大、浸透、定着のなかで」小松美彦他（編）『〈反延命〉主義の時代：安楽死・透析中止・トリアージ』現代書館、233–259。

諸岡了介　2017：「死と『迷惑』：現代日本における死生観の実情」『宗教と社会』23、79–93。

諸岡了介　2019：「ケアと『迷惑』：なぜ今日の高齢者はこれほどに『迷惑』を口にす

るのか」本村昌文他（編）『老い：人文学・ケアの現場・老年学』ポラーノ出版、25–42。

米村みゆき／佐々木亜紀子　2015：「はじめに：〈介護小説〉から見えてくるもの」米村みゆき／佐々木亜紀子（編）『「介護小説」の風景：高齢社会と文学』森話社、13–36。

山田宗樹　2012：『百年法』KADOKAWA（2015：角川文庫）。

〈映像作品〉
早川千絵　2022：『PLAN75』、倍賞千恵子他（出演）、ハピネットファントム・スタジオ他（制作）。

〈新聞記事〉
朝日新聞　1972：「今日の話題：ぽっくりさん」、1972年11月4日、東京夕刊、「朝日新聞クロスサーチ」（最終閲覧日：2023/08/26）。

## 参考URL

映画『PLAN75』公式サイト　2022：「INTRODUCTION」https://happinetphantom.com/plan75/（最終閲覧日：2023/10/05）。

# Yamada Muneki's The Century Law:
## Is It Good to Live Longer?

## by YOKOHAMA Yumiko

The purpose of this paper is to examine how the view of life and death in the world of Yamada Muneki's The Century Law differs from the contemporary Japanese view of life and death. The Century Law depicts the fictional near-future Japan, where the technology for not getting old is developed, but the problem of the elderly population persists. Sociological research has shown that the elderly in Japan tend to think that one's prolonged life is a nuisance to society from both the perspectives of the private sphere and the public one. In response to this trend, works of contemporary Japanese literature have attended to the question of whether or not to hasten the elderly's deaths. Focusing on the case of the The Century Law, this paper discusses how the social system forces individuals to choose between life and death through The Century Law, adding that protagonists tend to choose death because of their acute anxiety and fear of "living longer." The conclusion shows that those depicted in The Century Law want to hasten their death, which can be regarded as the opposition to the positive evaluation of "living longer," which is generally considered to be a good thing.

# 東洋英和女学院大学　死生学研究所報告 (2023 年度)

## § 組織体制

**【役員】**

所　長：奥山倫明　　　人間科学部人間科学科教授
副所長：小坂和子　　　人間科学部人間科学科教授
幹　事：秋本倫子　　　人間科学部人間科学科准教授
幹　事：田中智彦　　　人間科学部人間科学科教授
幹　事：古川のり子　　国際社会学部国際コミュニケーション学科教授

**【客員研究員】**

瀬川博子（東洋英和女学院大学大学院人間科学研究科修了、博士（人間科学））


## § 〈公開〉連続講座「看取りの文化を構想する」(オンライン開催)

第 1 回　2023 年 4 月 15 日（土）16:20 〜 17:50
　　　　　浮ヶ谷幸代（相模女子大学名誉教授）「あなたはどこでだれとどのように最期を迎えたいですか？」

第 2 回　2023 年 5 月 27 日（土）16:30 〜 18:00
　　　　　林美枝子（日本医療大学総合福祉学部福祉マネジメント学科教授）「『看取りのドゥーラ』をめぐる介護人類学的考現学、最期の寄り添い人が臨死期をどう変えていくのか」

第 3 回　2023 年 6 月 24 日（土）16:20 〜 17:50
　　　　　相澤出（東北医科薬科大学教養教育センター准教授）「『ホームカミング』を可能にした地域づくりの歩み——住み慣れた町で最期までへの挑戦が示唆すること」

第 4 回　2023 年 7 月 29 日（土）16:20 〜 17:50
　　　　　加賀谷真梨（新潟大学人文学部准教授）「生まれ島の住み慣れた家から旅立つために——沖縄・池間島を事例に」

第 5 回　2023 年 9 月 30 日（土）16:20 〜 17:50
　　　　　松繁卓也（国立保健医療科学院上席主任研究官）「看取りを支えるコミュニティの課題」

第 6 回　2023 年 11 月 11 日（土）16:20 〜 17:50
　　　　　山田千香子（聖徳大学心理・福祉学部教授）「放っておかれないしま」

第 7 回　2023 年 12 月 23 日（土）16:20 〜 17:50
　　　　　田代志門（東北大学大学院文学研究科准教授）「『現代人の死に方』を支える仕組みとは——ホスピスからコンパッション・コミュニティへ」

第 8 回　2024 年 1 月 20 日（土）16:20 〜 17:50
　　　　山田慎也（国立歴史民俗博物館副館長・教授）「近親者なき故人の葬送と困窮高齢者の意思の実現」

§〈公開〉シンポジウム
　　　　2023 年度「生と死」研究会第 22 回例会（公益財団法人国際宗教研究所との共催）
　　　　2023 年 10 月 28 日（土）14:40 〜 17:50
　　　　テーマ：「スピリチュアルケアと宗教者／非宗教者」
　発題(1)　中井珠惠（愛染橋病院／協立記念病院チャプレン）「医療現場におけるチャプレンの宗教性とは」
　発題(2)　山本佳世子（天理大学医療学部准教授）「非宗教者によるスピリチュアルケア」

§ 研究協力
　　　　上記のように、公益財団法人国際宗教研究所との共催でシンポジウムを企画した。

§ 大学図書館のリポジトリに『死生学年報』掲載稿公開
　　　　本学図書館からの要請を受け、『死生学年報』掲載稿の図書館リポジトリへの PDF 公開を順次行っている。https://toyoeiwa.repo.nii.ac.jp/

§ 刊行物
　　　　『死生学年報 2024　看取りの文化を構想する』リトン、2024 年 3 月 31 日発行。

§ 幹事会
　　　　2 回（4 月 3 日、1 月 17 日、その他、適宜メール会議で意見交換を実施）

§ 死生学年報編集会議
　　　　メール会議にて適宜開催した。

§ ウェブサイト更新
　　　　本研究所のホームページについて、今年度の情報を更新した。
　　　　https://www.toyoeiwa.ac.jp/daigakuin/shiseigaku/

§ 役員の業績
　＊秋本倫子（修士（文学）、臨床心理学）
　［論文］

・Michiko Akimoto, Hiroshi Ishihara, Junko Ito, Takuma Tanaka, Yasutaka Kubota, Keiichi Narita (2023). "Inter-brain Synchronization in the Client-Therapist Relationship during Sandplay Therapy: An Exploratory Study," *Journal of Sandplay Therapy*, 32(1), 121–134.

［学会発表］

・"Exploring Sandplay Relationship with a 2-channel Portable NIRS (Near-Infrared Spectroscopy)," 26th ISST Congress（第 26 回国際箱庭療法学会）、2023 年 3 月 28 日（口頭発表）、エルサレム、イスラエル。

・秋本倫子・青野篤子・細見直史・いとうたけひこ・松並知子・田口久美子・辻圭位子「新型コロナウイルス感染症（COVID-19）とワクチンに関する人々の意識」日本心理学会第 87 回大会、一般研究（ポスター）発表、2023 年 9 月 16 日、神戸国際会議場。

［研究会発表］

・「新型コロナワクチンをめぐって」第 26 回批判心理学セッション、2023 年 10 月 21 日（オンライン）。

［研究報告書］

・秋本倫子・青野篤子・細見直史・いとうたけひこ・松並知子・田口久美子・辻圭位子 ( コロナワクチンを考える心理関係者の会調査班)「新型コロナウイルス感染症 (COVID-19) とワクチンに対する人々の意識調査」報告書、doi: 10.13140/RG.2.2.21365.14563 [ 英訳版：Michiko Akimoto, Atsuko Aono, Naofumi Hosomi, Takehiko Ito, Tomoko Matsunami, Kumiko Taguchi, Keiko Tsuji, "Attitudes Toward COVID-19 Infection and Vaccines Survey Report"]

［公開講座］

・東洋英和女学院大学　生涯学習センター無料講座「体験　グループ箱庭　人生の後半のために」2023 年 5 月 13 日、5 月 21 日、6 月 17 日（全 3 回）。

・東洋英和女学院大学生涯学習センター学部公開講座「人生後半の心理学」2023 年 9 月 22 日―2024 年 1 月 19 日（全 15 回）。

・東洋英和女学院大学　生涯学習センター 25 周年記念特別イベント、公開講座「生と死をめぐる人間学」第 2 回「高齢者における生と死」2023 年 7 月 14 日（オンライン配信）。

［シンポジウム講演］

・「心理学者はコロナとどう向き合うか？パート 2 ―人々の意識から―」企画・司会：田口久美子、話題提供者：松並知子、秋本倫子、本田山郁子、指定討論者：村本邦子・沼田あや子、日本心理学会第 87 回大会公募シンポジウム、2023 年 9 月 15 ～ 17 日（オンデマンド動画公開）。

［研修会講師］

・"Neuroscience of Sandplay Therapy 3 & 4," 韓国学校箱庭療法学会研修会、2023

年9月23日／11月25日（オンライン）。

＊奥山倫明（博士（文学）、宗教学・宗教史学）
［学会パネル］
・日本宗教学会国際委員会パネル、"Translation Matters: Translating Japanese Religious Concepts into Other Languages," convenor and chair: Okuyama Michiaki, Commentator: Cynthea Bogel, Panelists: Molly Vallor, Andrea Castiglioni, Mia Tillonen, and Timothy O. Benedict、日本宗教学会第82回学術大会、2023年9月10日、東京外国語大学。
・東洋英和女学院大学　生涯学習センター25周年記念特別イベント、公開講座「生と死をめぐる人間学」第3回「宗教学における生と死」2023年7月21日（オンライン配信）。
［書評］
・最相葉月『証し：日本のキリスト者』（角川書店、2022年）、東洋英和女学院大学『人文・社会科学論集』第41号、2024年3月（予定）。

＊小坂和子（修士（教育）、臨床心理学）
［論文］
・「教育相談における『臨床的出会い』―教育活動と心理療法の接点」『東洋英和女学院大学心理相談室紀要』vol.2, 7, 13-19頁、2023年12月。
［研究会発表］
・「初回面接における子どもの臨床的跳躍」鳥居坂臨床文化研究会、2024年2月15日。
［公開講座］
・東洋英和女学院大学生涯学習センター　短期講座「教育と文化の深層心理―河合隼雄と学ぶ心理学」:「こころの処方箋」10月23日、「子どもの宇宙」11月20日、「中年危機」12月18日、「影の現象学」1月22日（全4回）。
［エッセイ］
・「チャペルの『巣ごもり』」『東洋英和女学院　説教集』第6号、2023年11月6日、14-17頁。

＊田中智彦（修士（政治学）、倫理学・思想史）
［学会報告］
・「「日本人の死生観」の批判的検討：近現代史の視座から」第28回日本臨床死生学会、2023年7月23日、東洋英和女学院大学。
［翻訳］
・チャールズ・テイラー『〈ほんもの〉という倫理―近代とその不安』ちくま学芸文庫、

2023 年 3 月。

［書評］

・小宮山陽子『死の定義と〈有機的統合性〉：Integrity と Integration の歴史的変遷』
（勁草書房、2022 年）、『図書新聞』2023 年 4 月 15 日号。

＊古川のり子（修士（文学）、神話学・日本文学）

［論文］

・「山姥と赤い怪童―金太郎」人文研究叢書 80 号『幻想的存在の東西』、中央大学出
版部、2024 年 2 月（予定）。

# 死生学研究所 20 年間の活動記録

## 奥山　倫明

### 組織体制

　2003 年（平成 15 年）10 月に発足した死生学研究所は 2004 年より平山正実所長と幹事（河野友信、早瀬圭一、原島正、山田和夫、渡辺和子の各教授）のもと活動を開始した。2004 年度より年間の共通テーマを掲げて連続の公開講座を開催しているほか、2004 年度末には『死生学年報 2005』を刊行し、各年度末の刊行も現在まで続いている。

　2005 年度以降の所長と幹事は以下のとおりである（以下、敬称略）。2005 年度、所長：飽戸弘、幹事：秋本倫子、河野友信、島創平、早瀬圭一、原島正、平山正実、山田和夫、渡辺和子。2006 年度、所長：山田和夫、副所長：渡辺和子、幹事：秋本倫子、島創平、白土辰子、早瀬圭一、原島正。

　2007 年度から 2018 年度は渡辺和子が連続して所長を務めた。2007 年度、副所長：早瀬圭一、幹事：秋本倫子、島創平、白土辰子、原島正、山田和夫。2008 年度から 2018 年度は副所長は置かれていない。2008 年度、幹事：大林雅之、島創平、原島正、山田和夫。2009 ～ 2010 年度、幹事：大林雅之、島創平、M. T. ブラック、山田和夫。2011 年度、幹事：大林雅之、久保田まり、西洋子、福田周、M. T. ブラック。2012 年度、幹事：島創平、西洋子、福田周、M. T. ブラック、前川美行。2013 年度、幹事：奥山玲子、西洋子、福田周、M. T. ブラック、前川美行。

　2014 ～ 2018 年度は体制が固定している。幹事：西洋子、福田周、M. T. ブラック、前川美行。その後 2019 年度は、所長：山田和夫、副所長：福田周、幹事：尾崎博美、桜井愛子、西洋子、平体由美、M. T. ブラック、前川美行、与那覇恵子、渡部麻美、渡辺和子。2020 年度、所長：山田和夫、副所長：福田周、幹事：尾崎博美、奥山倫明、西洋子、M. T. ブラック、前川美行、渡部麻美。顧問：大林雅之、下坂英。2021 ～ 2022 年度、所長：奥山倫明、副所長：小坂和子、幹事：秋本倫子、田中智彦、新村秀人、顧問：

189

山田和夫。なお、死生学研究所の英語表記については、同年度に Institute for Life and Death Studies と改めた。

2023 年度は所長は引き続き奥山が務めている。副所長：小坂和子、幹事：秋本倫子、田中智彦、古川のり子、という体制となっている。なお 2023 年度より、客員研究員を受け入れ体制を整えている。


## 公開講座のテーマ

公開講座の年間のテーマと実施回数等について記しておく。

2004 年度「生と死に向き合う」のもと、7 回の連続講座を開催。ほかに特別講演会として養老孟司・東京大学名誉教授の特別講演会「死の壁－現代における死生学の課題」を開催した（共催：人間科学部、生涯学習センター）。

2005 年度「生と死の表現」のもと、10 回の連続講座を開催。

2006 年度「生と死の表現Ⅱ」のもと、11 回の連続講座を開催。さらに 6 回の公開研究会と、（財）国際宗教研究所との共催・第 5 回「生と死」研究会を開催した。

2007 年度「語られる生と死」のもと、12 回の連続講座を開催。さらに 9 回の公開研究会と、国際宗教研究所共催・第 6 回「生と死」研究会「スピリチュアリティとスピリチュアルケア」を開催した。

2008 年度「語られる生と死Ⅱ」のもと、11 回の連続講座を開催。さらに 9 回の公開研究会と、国際宗教研究所共催・第 7 回「生と死」研究会「造形に見る生と死」を開催した。

2009 年度「作品にみる生と死」のもと、9 回の連続講座を開催。さらに 5 回の公開研究会、シンポジウム「死生観とスピリチュアリティ」と、国際宗教研究所共催・「生と死」研究会第 8 回例会「死生観を学ぶ」を開催した。

2010 年度「作品にみる生と死Ⅱ」のもと、9 回の連続講座を開催。さらに 7 回の公開研究会と、国際宗教研究所共催・「生と死」研究会第 9 回例会「生と死とその後」を開催した。

2011 年度「生と死とその後」のもと、13 回の連続講座を開催。さらにシンポジウム「死者のゆくえ」と、国際宗教研究所共催・「生と死」研究会第 10 回例会シンポジウム「生者と死者の交流」を開催した。

　2012 年度「生と死とその後Ⅱ」のもと、12 回の連続講座を開催。さらにシンポジウム「スピリチュアルケアを考える」と、国際宗教研究所共催・「生と死」研究会第 11 回例会シンポジウム「震災と子ども」を開催した。なお 2009 〜 2012 年度は日本財団からの助成を受けている。

　2013 年度「生と死の語り」のもと、10 回の連続講座を開催。さらにシンポジウム「アジアの死生観―生者と死者の交流」と、国際宗教研究所共催・「生と死」研究会第 12 回例会シンポジウム「被災地での活動」を開催した。

　2014 年度「生と死の語りⅡ」のもと、8 回の連続講座を開催。さらにシンポジウムを 2 回、「死後世界の美術と音楽」「死者と出会う」と、国際宗教研究所共催・「生と死」研究会第 13 回例会シンポジウム「いのちを守る」を開催した。

　2015 年度「生と死に寄り添う」のもと、10 回の連続講座を開催。さらにシンポジウム「現場が育む―被災地での共創と若い力」と、国際宗教研究所共催・「生と死」研究会第 14 回例会シンポジウム「生と死に寄り添う―臨床と宗教」を開催した。

　2016 年度「生と死に寄り添うⅡ」のもと、12 回の連続講座を開催。さらに国際宗教研究所共催・「生と死」研究会第 15 回例会シンポジウム「生と死をめぐる地域・実践活動」を開催した。

　2017 年度「生と死の物語」のもと、10 回の連続講座を開催。さらに国際宗教研究所共催・「生と死」研究会第 16 回例会シンポジウム「諸宗教の死生観と看取りの実践」を開催した。

　2018 年度「生と死の物語Ⅱ」のもと、10 回の連続講座を開催。さらに国際宗教研究所共催・「生と死」研究会第 17 回例会シンポジウム「諸宗教の死生観と看取りの実践Ⅱ」を開催した。

　2019 年度「死生学の未来」のもと、10 回の連続講座を開催。さらに国際宗教研究所共催・「生と死」研究会第 18 回例会シンポジウム「死の受容と悲嘆のケア」を開催した（台風 19 号の影響を考慮して中止）。

　2020 年度はコロナ禍により春夏の活動は休止を余儀なくされたが、秋以降オンラインを活用した新たな形態での公開講座の実施を模索し、結果的に「臨床死生学の意義」のもと 7 回の講座を実現した。さらに国際宗教研究所共催・「生と死」研究会第 19 回例会シンポジウム「増大するいのちの脅威と死生観の探求」を開催した。

2021 年度以降も引き続きオンラインで公開講座を実施したが、遠方からの参加者も増えるなどの利点も見られた。2021 年度は「スピリチュアルケアの可能性」のもと、8 回の連続講座を実施した。さらに国際宗教研究所共催・「生と死」研究会第 20 回例会シンポジウム「コロナ禍における死生学の課題」を開催した。

　2022 年度「死生学の拡がり」のもと、7 回の連続講座を開催。さらに国際宗教研究所共催・「生と死」研究会第 21 回例会シンポジウム「現代スピリチュアリティの諸問題」を開催した。

　2023 年度は「看取りの文化を構想する」のテーマで 8 回の連続講座を実施した。さらに国際宗教研究所共催・「生と死」研究会第 22 回例会シンポジウム「スピリチュアルケアと宗教者／非宗教者」を開催した。


## 『死生学年報』

　『死生学年報』は 2005 年 3 月より毎年度末にリトンより刊行、市販されている。シンポジウムと重なるテーマのこともあるが、各号の表題は以下のとおりである。

　『死生学年報 2005』（以下、刊行年のみ記す）、「親しい者の死」、2006 年「死の受容と悲嘆」、2007 年「生と死の表現」、2008 年「〈スピリチュアル〉をめぐって」、2009 年「死生学の可能性」、2010 年「死生観を学ぶ」、2011 年「作品にみる生と死」、2012 年「生者と死者の交流」、2013 年「生と死とその後」、2014 年「語られる生と死」、2015 年「死後世界と死生観」、2016 年「生と死に寄り添う」、2017 年「生から死への眼差し」、2018 年「生と死の物語」、2019 年「死生観と看取り」、2020 年「死生学の未来」、2021 年「臨床死生学の意義」、2022 年「スピリチュアルケアの可能性」、2023 年「死生学の拡がり」、2024 年「看取りの文化を構想する」。

　なお、『死生学年報 2022』より、「投稿規程」を巻末に掲載している。本研究所が死生学分野の研究拠点の一つとして活動を拡充していくうえで、本誌への関心を共にする研究者のフォーラムと位置づけ、研究成果の公開の場として活用していただけることを願ってのことである。本号にも掲載しているので、投稿をお考えの方はご参照のうえ、ふるってご投稿いただきたい。

　以上、簡単ではあるが、死生学研究所の 20 年間の活動を要約し、記録として掲載しておく。活動にご尽力された先生方、ご協力くださった先生方に心より感謝申し上げたい。

# 執筆者紹介

浮ヶ谷幸代　（うきがや　さちよ）　　相模女子大学名誉教授
相澤　出　（あいざわ　いずる）　　東北医科薬科大学教養教育センター准教授
林美枝子　（はやし　みえこ）　　日本医療大学総合福祉学部教授
大村哲夫　（おほむら　てつを）　　上智大学グリーフケア研究所特任教授
柴田久美子　（しばた　くみこ）　　一般社団法人日本看取り士会会長
山本佳世子　（やまもと　かよこ）　　天理大学医療学部准教授
中井珠惠　（なかい　たまえ）　　愛染橋病院／協立記念病院チャプレン
小笠原史樹　（おがさわら　ふみき）　　福岡大学人文学部准教授
横濱佑三子　（よこはま　ゆみこ）　　上智大学大学院実践宗教学研究科博士後期課程

# Annual of
# the Institute for Life and Death Studies,
# Toyo Eiwa University

Vol. XX, 2024

Designing an End-of Life Culture

# C O N T E N T S

# 『死生学年報』投稿規程

　東洋英和女学院大学死生学研究所は 2003 年の創設以来、公開講座の開催と『死生学年報』の刊行を中核として活動してきました。2022 年度以降、広く死生学にかかわる論文の投稿をお呼びかけしております。

　戦後、生活環境の改善のなかで長寿社会を実現した日本は、少子高齢化時代における生き方と死に方という新たな課題に直面する一方で、医療技術の発展のなかで命の始まりと終わりにかかわる新たな問題にも直面してきました。また近隣諸国との関係のなかで、先の大戦における国内外の戦歿者、被災犠牲者の死の意味の継承の在り方を問われるとともに、1995 年の阪神淡路大震災、2011 年の東日本大震災をはじめとする多くの災害犠牲者の記憶の在り方も問われてきました。2020 年以降はグローバルな課題としての感染症拡大に直面し、私たちは改めて生死の問いを突き付けられています。

　その間に、我が国の高等教育機関において、少しずつ死生学を専門分野として掲げる研究教育拠点が誕生しています。こうした状況にかんがみ、私たちは、時代の要請を担う新たな学問領域としての「死生学」の開かれた議論の場として『死生学年報』を位置づけていこうと考えるにいたりました。ここに広く皆様からのご投稿をお寄せいただくことによって、生き死にの在り方に寄り添った心のかよった研究、斬新な視点からの先見的な研究、実直な調査に基づく説得力のある研究など、この分野をさらにいっそう切り開いていく意欲的な研究の成果を、皆様とともに分かち合っていきたいと考えます。投稿をお考えの方は以下の「投稿規程」に従って、ふるってご研究をお寄せください。


## 1　投稿資格
　死生学、また関連する分野の研究者、大学院博士課程在籍者・博士課程修了者、死生学に関連する実務に携わっている方。その他、東洋英和女学院大学・死生学研究所が投稿資格を認めた者。

## 2　投稿論文の種別
　日本語で執筆された研究論文、あるいは研究ノート。

## 3　研究倫理への対応
　投稿論文にかかわる研究遂行上、投稿者は自身が所属する研究機関・学会等における研究倫理指針に則った研究活動を行なっていること（所属する研究機関・学会等において明文化された研究倫理指針が定められていない場合には、ご相談ください）。

## 4　投稿スケジュール
　投稿をお考えの方は、2024 年 6 月 30 日までに、タイトル（仮）、要旨（150 〜 200 字程度）を当研究所（shiseigaku@toyoeiwa.ac.jp）まで電子メールでお送りください。折り返し詳しい書式をお送りいたしますので、8 月 31 日までに論文を添付ファイルで

お送りください。

　当研究所内編集委員会にて合議のうえ採否を決定し、10 月 31 日までにお知らせします。掲載を決定した投稿論文であっても加筆修正等をお願いすることもありますので、ご了承ください。

　加筆修正を条件として採択とする場合には、完成原稿と 200 語程度の英文要旨を、2024 年 11 月 30 日までにお送りください。

5　投稿論文の書式の概要

　表紙に、タイトル、氏名、所属・職名（大学院生の場合は大学院名・博士課程在籍／単位取得退学／修了を明記）、E-mail アドレスを記載する。

　本文は 16000 字程度とし、横書き 40 字 ×30 行とする。本文に氏名は記載せず、ヘッダーにタイトル、頁下部に頁を記載する。

6　その他

　投稿料はかかりません。掲載された場合には掲載誌 10 部を進呈します。掲載論文については後日、東洋英和女学院大学図書館レポジトリでのオンライン掲載についての許諾をお願いします。

　なお本誌は市販されます。

7　問い合わせ先
東洋英和女学院大学死生学研究所
電子メール：shiseigaku@toyoeiwa.ac.jp

**死生学年報　2024　看取りの文化を構想する**

発行日　2024 年 3 月 15 日

編　者　東洋英和女学院大学 死生学研究所
発行者　大石昌孝
発行所　有限会社リトン
　　　　101-0061　東京都千代田区神田三崎町 2 - 9 - 5 - 402
　　　　　　　　TEL 03-3238-7678　FAX 03-3238-7638
印刷所　株式会社 TOP 印刷

ISBN978-4-86376-099-8